全国社会工作者职业水平考试辅导用书

2025

社会工作综合能力
（中级）

考前冲刺试卷

刘晓晨 ◎ 主编

中国人事出版社

图书在版编目（CIP）数据

社会工作综合能力（中级）考前冲刺试卷 / 刘晓晨主编. -- 北京：中国人事出版社，2025. --（全国社会工作者职业水平考试辅导用书）. -- ISBN 978-7-5129-2115-3

Ⅰ．D632-44

中国国家版本馆 CIP 数据核字第 20258GK034 号

中国人事出版社出版发行

（北京市惠新东街 1 号　邮政编码：100029）

＊

北京市科星印刷有限责任公司印刷装订　　新华书店经销

787 毫米 ×1092 毫米　16 开本　8.5 印张　182 千字

2025 年 3 月第 1 版　2025 年 5 月第 4 次印刷

定价：36.00 元

营销中心电话：400-606-6496

出版社网址：https://www.class.com.cn

版权专有　　侵权必究

如有印装差错，请与本社联系调换：（010）81211666

我社将与版权执法机关配合，大力打击盗印、销售和使用盗版图书活动，敬请广大读者协助举报，经查实将给予举报者奖励。

举报电话：（010）64954652

目 录

第一部分 考前准备 ·· (1)

第二部分 考前冲刺试卷 ··· (3)

  考前冲刺试卷（一）··· (3)

  考前冲刺试卷（二）··· (16)

  考前冲刺试卷（三）··· (29)

  考前冲刺试卷（四）··· (42)

  考前冲刺试卷（五）··· (56)

  考前冲刺试卷（六）··· (68)

第三部分 考前冲刺试卷参考答案 ··· (82)

  考前冲刺试卷（一）参考答案··· (82)

  考前冲刺试卷（二）参考答案··· (90)

  考前冲刺试卷（三）参考答案··· (97)

  考前冲刺试卷（四）参考答案··· (105)

  考前冲刺试卷（五）参考答案··· (113)

  考前冲刺试卷（六）参考答案··· (122)

第一部分 考前准备

一、备考注意事项

《社会工作综合能力（中级）》共包括十章内容，系统阐述了社会工作的内涵、原则及基本方法等。《社会工作综合能力（中级）》是学好《社会工作实务（中级）》和《社会工作法规与政策》两个科目的基础。为了更好地应对全国社会工作者职业水平考试，应试者需要注意以下内容。

（一）明确学习目标

为了通过全国社会工作者职业水平考试，应试者需要提前制订学习计划，规划三个科目的复习时间及每天的学习时长，充分做好时间管理。

（二）用好指导教材、历年真题及辅导用书

全国社会工作者职业水平考试配有指导教材及考试大纲，应试者同时要准备好历年真题和辅导用书。

（三）熟悉考试题型

正所谓知己知彼，百战不殆。在复习备考之初，应试者首先要熟悉《社会工作综合能力（中级）》科目的章节安排、考试题型等。

（四）掌握考试规律

在做历年真题及冲刺试卷的同时，应试者需要思考每章的高频考点有哪些，并在指导教材上做重点标注，以便明确重点、难点，掌握考试规律。

（五）有的放矢复习

按照历年考试规律，分值占比较高的章节要重点复习。同时，容易出错的知识点也要花更多的时间复习。

二、《社会工作综合能力（中级）》内容解读

第一章是社会工作的内涵、原则及主要领域，这一章主要介绍了社会工作的含义、目标、发展历程和主要领域等内容。

第二章是社会工作价值观与专业伦理，这一章解释的是在具体工作中，社会工作者要坚持哪些专业理念及伦理守则等内容。

第三章是人类行为与社会环境，这一章是社会工作者在开展工作时的理论视角。人类行为与社会环境的互动，是社会工作者在工作时所坚持的一种看待问题的角度。也就是说，在现实生活中，当人面临一些问题时，社会工作者往往会分析人本身以及人所处的环境，从整体角度来开展工作。

第四章是社会工作理论，这一章介绍了几种社会工作理论，社会工作理论是社会工作者开展实践活动的理论基础。值得一提的是，在不少《社会工作实务（中级）》科目的考题中，也会涉及此部分内容。

第五章至第八章以及第十章，这五章讲的是社会工作领域的五大专业方法，包括个案工作方法、小组工作方法、社区工作方法、社会工作行政以及社会工作研究。这五大专业方法就是通常所说的三大直接方法和两大间接方法。

第九章是社会工作督导，这一章在初级教材中是社会工作行政章节中的一节，在中级教材中独立成章。社会工作者需要获得专业的指导，督导便发挥着这样的作用。

上述十章内容分别从社会工作的定义、目标、对象和领域，社会工作者的价值观，社会工作理论视角，五大专业方法及督导等角度探讨了社会工作，归根结底回应了一个核心问题：社会工作到底是什么。

为了方便考生记忆，编者将以上六大部分内容串成一条线索，编成以下口诀：目标对象在心间，价值伦理记心田；解决问题看互动，理论方法要谨记；遇到困难靠督导，专业提升多讨教。

三、题型示例

（一）单项选择题

小闫是行政管理专业研究生，毕业后到某街道办事处工作，专门负责辖区内的困境儿童救助工作。为了提高工作胜任力，小闫自学相关领域知识，参加社会工作者职业水平考试，取得了助理社会工作师证书。为了提高困境儿童服务水平，小闫与当地社会组织密切合作，帮助其设计困境儿童服务项目，鼓励其参加政府购买服务项目招投标。小闫的上述工作内容表明，其身份是（　　）。

A. 实际社会工作者　　　　B. 专业社会工作者

C. 社会行政管理者　　　　D. 专业志愿服务者

【参考答案】A

（二）多项选择题

小王是大一新生，性格内向，家境优裕。上高中时，因看不惯宿舍同学的卫生习惯，小王选择走读。上大学后，小王因为不适应集体生活，开始失眠，食欲下降，身体急剧消瘦，精神状态越来越差。宿舍同学发现小王的情况后，主动关心他，帮助其改善失眠状况，提升睡眠质量。关于同辈群体的特点及其对个体行为影响的说法，正确的有（　　）。

A. 宿舍同学的支持能够帮助小王尽快适应集体生活

B. 宿舍应当建立严格的熄灯制度以约束同学的行为

C. 小王应接受宿舍同学的行为习惯，以便融入集体

D. 小王与宿舍内的每一位同学的地位应该是平等的

E. 小王睡眠改善后，对宿舍生活有了较强的认同性

【参考答案】AD

第二部分 考前冲刺试卷

考前冲刺试卷（一）

一、单项选择题（共60题，每题1分。每题的备选项中，只有1个最符合题意）

1. 专业社会工作已有多年的发展历史。以下关于西方社会工作发展特点的说法，正确的是（　　）。
   A. 社会工作发展趋势是从整合到细分
   B. 多种社会工作理论模式并存
   C. 西方社会工作是在政府主导下形成的
   D. 服务对象从有需要的普通人到特殊困难人群

2. 为了回应广大老年人的需求，国家出台了推动居家养老服务的相关政策，各街道办事处也纷纷因地制宜，为居家老年人提供生活照料和精神关爱服务。下列做法中，最能体现社会工作"促进社会团结"目标的是（　　）。
   A. 完善居家养老服务设施配置　　B. 优化居家上门服务的流程
   C. 给予居家老年人差异化补贴　　D. 培育入户探访志愿者队伍

3. 小涵是残疾家庭的孩子，平日里，因为担心被别的家庭排挤，小涵的父母从来不允许他和邻居家的小孩玩耍，导致小涵很自卑。社会工作者老王得知情况后，一方面通过辅导提升小涵的自信心，另一方面在社区开展邻里活动，促进小涵一家和周围邻居的来往。慢慢地，小涵变得开朗乐观多了。这体现了社会工作在服务对象层面发挥的（　　）功能。
   A. 促进正常学习生活　　B. 促进服务对象与环境的适应
   C. 建构社会资本　　D. 促进社会公平

4. 以下关于社会工作要素的说法，正确的是（　　）。
   A. 社会工作者是帮助个人及其家庭解决内在问题的人
   B. "助人自助"是专业社会工作的核心价值
   C. 社会工作价值观必须通过专业实践养成
   D. 助人活动是社会工作者与服务对象互动合作的过程

5. 社区矫正对象阿明去办理低保，当办事大厅的工作人员让其补办材料的时候，阿明大发雷霆，与工作人员发生了激烈的冲突，社会工作者小昭闻讯赶来。此时，小昭适宜以（　　）角色来提供服务。

A. 使能者 B. 支持者
C. 协调者 D. 治疗者

6. 以下不属于新发展阶段我国社会工作新发展的是（　　）。
   A. 社会工作深入参与创新社会治理 B. 社会工作助力实现共同富裕
   C. 乡镇社会工作服务站建设 D. 三社联动

7. 社会工作者陈某在采用精神分析技术为服务对象提供心理治疗的过程中，突然发现服务对象是自己儿子所在单位的主管。面对这种情况，陈某应该（　　）。
   A. 利用此机会接近服务对象，建立起信任的工作关系
   B. 终止提供服务
   C. 征得服务对象同意后，将其转介给其他同事
   D. 与儿子核实服务对象的相关信息

8. 有学者就社会工作实践中的伦理决定提出了一个简单的决策模式。其中，厘清相关潜在议题的下一步应该是（　　）。
   A. 确认问题或困境 B. 检阅相关伦理守则
   C. 思考各种可能采取的行动 D. 选择最恰当的行动

9. 社会工作者小张因休产假而暂离工作岗位，为此，小张专门向服务对象王女士说明情况，并询问王女士是否愿意由自己的同事继续为其提供个案服务。上述小张的做法，主要体现了（　　）。
   A. 社会工作者对同事的伦理责任
   B. 社会工作者对服务机构的伦理责任
   C. 社会工作者对服务对象的伦理责任
   D. 社会工作者对专业的伦理责任

10. 社会工作者致力于提升人的能力，促进他们充分参与影响其生活的决策和行动，这符合《全球社会工作伦理原则声明》内容中的（　　）。
    A. 承认人类与生俱来的尊严 B. 促进自决的权利
    C. 促进参与的权利 D. 把人视为全人

11. 以下关于社会工作伦理困境的说法，正确的是（　　）。
    A. 社会工作伦理困境是社会工作者采用错误的工作方法导致的困境
    B. 社会工作伦理困境是服务对象提出不切实际的要求导致的困境
    C. 社会工作伦理困境是社会工作者学历水平与实际工作要求的差距导致的困境
    D. 社会工作伦理困境是社会工作者对两种以上共存价值观难以抉择导致的困境

12. 社会工作者大明在社区开展青少年服务时，首先对服务对象的情况进行了评估，了解他们的内心状况，然后根据不同年龄段的特点设计服务方案，及时跟进，按需调整工作计划。大明的做法遵循的社会工作伦理基本原则是（　　）。
    A. 最小伤害原则 B. 隐私保密原则
    C. 自由平等原则 D. 差别平等原则

13. 以下关于社会工作价值观的说法，正确的是（　　）。

A. 社会工作者在任何情况下都不能透露服务对象的隐私

B. 社会工作者要接纳价值观不正确的服务对象

C. 通常情况下，社会工作者不能代替服务对象作决定

D. 社会工作者在任何情况下都应使用统一的服务方法回应服务对象的需求

14. 大何曾因交友不慎而吸毒，经社会工作者帮助成功戒毒，并从受助者变为助人者，以同伴志愿者的身份参与到"预防复吸，戒除毒瘾"社区宣传活动中。根据阿尔德弗尔的ERG理论，大何的需要属于（　　）。

    A. 生存需要　　　　　　　　B. 关系需要

    C. 成长需要　　　　　　　　D. 中介需要

15. 以下关于社会工作价值观与专业伦理的说法，正确的是（　　）。

    A. 社会工作者与服务对象之间的反移情必然会发生

    B. 社会工作者在服务的同时必须具备自我照顾能力

    C. 社会工作者在服务中任何情况都要对服务对象信息保密

    D. 社会工作者在服务时，要将部门的评估标准置于首位

16. 以下最能体现社会环境对人类行为影响的是（　　）。

    A. 社会工作者小红号召社区居民共同为改善社区环境开展倡导行动

    B. 某医院为高龄老年人免费开展体检服务后，每天都有大量老年人前来排队

    C. 小峰喜欢跳舞，他建议社区成立舞蹈协会

    D. 小明不想上学，任凭家人如何劝阻，依然选择了辍学

17. 学校是学生个人社会化的重要场所，为了促进学生身心健康和综合素质全面发展，某中学委托一家青少年社会工作服务机构举办了"探索未来"学生科技节活动，鼓励学生发明创造并参加展览，培养了学生的创新思维和动手能力。上述活动反映了学校对学生行为的主要影响因素是（　　）。

    A. 教学模式　　　　　　　　B. 班级规模

    C. 师资水平　　　　　　　　D. 空间布局

18. 家庭教养模式从纵向和横向两方面影响个体。以下家庭教养模式影响因素中，属于纵向影响因素的是（　　）。

    A. 家庭的关系结构　　　　　B. 家庭成员间的互动

    C. 家庭的以往事件　　　　　D. 家庭的亲属关系

19. 小智8岁以前一直和爷爷奶奶生活在老家，最近他被父母接到了城里生活，陌生的环境、陌生的同学、陌生的生活方式让小智感觉到心里很不舒服，他变得沉默寡言，甚至偷偷逃课。小智经常和父母说不想生活在城里，想回到爷爷奶奶和小伙伴身边，这让小智的父母有些着急，他们找到了社会工作者寻求帮助。从生态系统理论的角度看，以下做法正确的是（　　）。

    A. 探索小智的童年期创伤经历

    B. 分析小智的错误认知

    C. 协助小智找到生命存在的意义

D. 分析小智与环境的互动关系，协助小智适应新环境

20. 根据弗洛伊德精神分析理论，个人的问题都源于（　　）。
    A. 环境之间的冲突　　　　　　　　B. 冲突潜在的精神
    C. 内在的精神冲突　　　　　　　　D. 人与环境的冲突

21. 创造一种有利的辅导环境，让服务对象接近自己的真实需要，变成一个能够充分发挥自身潜在能力的人，这是（　　）的观点。
    A. 认知行为治疗模式　　　　　　　B. 家庭治疗模式
    C. 危机介入模式　　　　　　　　　D. 人本治疗模式

22. 刘女士曾遭受丈夫的家庭暴力，现已离婚，独自带着15岁的女儿生活。刘女士自身文化程度较低，无法辅导女儿的功课，与女儿沟通较困难。最近，刘女士因失业觉得自己很失败，对生活失去信心，向社会工作者求助。根据存在主义理论，社会工作者适宜开展的服务是（　　）。
    A. 帮助刘女士了解就业支持政策，寻找合适工作岗位
    B. 教授刘女士与女儿沟通的技巧，改善母女之间关系
    C. 链接大学生志愿者，为刘女士的女儿提供学业辅导
    D. 引导刘女士对自己过往生活中的成功经验予以肯定

23. 服务对象小杨非常害怕在单位当众做报告，担心自己讲错了会被同事们嘲笑。因此，他每次站起来做报告时，都会因过度紧张而忘词，甚至身体颤抖。面对这种情况，社会工作者运用认知行为治疗中的逆向操作技巧进行辅导，其恰当的做法是（　　）。
    A. 陪伴小杨在仿真的环境中按照流程提前排练完成报告
    B. 建议小杨以后在单位做报告前内心要为自己加油鼓励
    C. 协助小杨觉察做报告紧张时自己的想法及背后的认知
    D. 帮助小杨去理解做报告与忘词等行为结果之间的关系

24. （　　）强调社会工作服务要讲求效率，应针对服务对象面对的具体问题实施改变计划，帮助服务对象在一定时间内实现改变。
    A. 认知行为治疗模式　　　　　　　B. 任务中心模式
    C. 精神分析理论　　　　　　　　　D. 人本治疗模式

25. 小王失业后家庭生活开始出现矛盾，夫妻关系出现危机。如果运用生态系统理论开展服务，社会工作者应该（　　）。
    A. 探索小王童年时代的生活经验和与家人的沟通情况
    B. 强调小王的认知和行为相互关联，促进认知的改变
    C. 运用同感技巧表达关心，鼓励小王改善与家人的关系
    D. 了解小王在家庭、群体、组织和社区中的生活状况及问题

26. 小芳的父亲前段时间被查出患有肺癌，并且已经到了晚期，医生说最长只能维持半年的生命。小芳自从知道父亲的病情后，每天都生活在恐慌中，害怕失去父亲，不敢想象没有父亲的生活会是什么样子。小芳找到社会工作者小新求助，小新在与小芳进行面谈时，与她一起讨论父亲离开后她的生活会发生哪些变化。小新的做法是运用了（　　）

技巧。

A. 想象　　　　　　　　　　B. 辩论

C. 去灾难化　　　　　　　　D. 替代性选择

27. 小周的继父每次酒后都会殴打小周母子。小周本来就性格内向，又因长期被继父殴打，更加不敢与他人交往，以致难以融入社会生活。社会工作者试图将小周这种痛苦的生活经历转化为对其生活有意义的经验。社会工作者这样做依据的是（　　）。

A. 精神分析理论　　　　　　B. 存在主义理论

C. 社会支持理论　　　　　　D. 认知行为理论

28. 服务对象小浩对社会工作者说："有时候我真的觉得自己快要疯掉了。"社会工作者回应："你的意思是父母从来不理解你，你觉得自己已经很努力了，但是仍然达不到他们的要求，是这个意思吗？"社会工作者运用的会谈技巧是（　　）。

A. 对焦　　　　　　　　　　B. 澄清

C. 忠告　　　　　　　　　　D. 对质

29. 高三学生小庄最近因两次模拟考试成绩不理想而心情沮丧，觉得上大学没有希望了，不如早点退学出去闯闯。学校社会工作者小丁了解情况后，运用心理社会治疗模式开展服务。在服务过程的"研究"阶段，小丁要做的是（　　）。

A. 帮助小庄疏导因考试失利导致的低落情绪

B. 注重从小庄与他人的交往中收集相关资料

C. 运用综合诊断方式确定小庄的问题和需求

D. 采用多层面的介入方式帮助小庄解决问题

30. 王先生和妻子近期因孩子教育问题产生了激烈的冲突，向社会工作者老安寻求帮助。在面谈时，老安了解到，王先生的妻子和儿子的关系比较亲近，夫妻两人冷战时，儿子是他们的"传话筒"。于是，老安让王先生一家将家里真实的冲突场景模拟出来，帮助他们厘清每个人在冲突中的表现是如何影响其他家庭成员的。根据结构式家庭治疗模式，老安所运用的技巧是（　　）。

A. 重演和划清界限　　　　　B. 促进互动和集中焦点

C. 重演和促进互动　　　　　D. 集中焦点和划清界限

31. 在个案工作中，社会工作者为明确双方的权利与义务，增强服务对象改变的动力，首先需要与服务对象（　　）。

A. 制订计划　　　　　　　　B. 签订协议

C. 共同评估　　　　　　　　D. 建立关系

32. 社会工作者孙某通过与小李的初步接触，对他遇到的问题进行了评估，与他协商后，使他成为自己的服务对象。这个过程属于（　　）。

A. 接案　　　　　　　　　　B. 结案

C. 转介　　　　　　　　　　D. 开展服务

33. 小李失恋后情绪低落，整晚睡不着觉，一想到自己被抛弃就觉得人生没有意义，表示不想活了。父母很担心他的情况，向社会工作者求助。社会工作者首先要开展的工作是（　　）。

  A. 帮助小李学习交友技巧　　B. 评估小李自杀的可能性
  C. 疏导小李的负面情绪　　　D. 了解小李失恋的原因

34. 服务对象："现在找工作，用人单位很注重外貌，我要是长得漂亮就好了……"

  社会工作者："我很理解你的心情，但每个人都不是十全十美的。就拿我来说吧，工作和家庭都不错，但身材一般，有时别人也会嘲笑我，一开始我也不开心，后来我就想明白了，要求十全十美是不可能的事情。"

  上述对话中，社会工作者运用了（　　）技巧。

  A. 反映感受　　　　　　　　B. 理性功课
  C. 自我表露　　　　　　　　D. 去灾难化

35. 老马平时工作忙，很少与儿子沟通，对于儿子的问题经常是以"武力"解决。在与社会工作者的谈话中，他说："其实我也知道自己与儿子沟通少，有些时候我没能理解他，但每当我教育他时，他总会和我顶嘴，一时生气我才会打他的。"社会工作者回应道："既然你觉得与儿子沟通少，并不都是他的错，那为什么还要打他呢？"在这个过程中，社会工作者运用的技巧是（　　）。

  A. 建议　　　　　　　　　　B. 对质
  C. 对焦　　　　　　　　　　D. 自我披露

36. 王女士向社会工作者老刘寻求帮助。老刘说："你能把心里话说出来，挺不容易的，说明你希望改变自己的现状，很了不起。"上述情境中，社会工作者老刘运用的个案工作技巧是（　　）。

  A. 形象性技巧中的同理　　　B. 引领性技巧中的摘要
  C. 支持性技巧中的鼓励　　　D. 支持性技巧中的忠告

37. 社会工作者小周在观察一个新建小区时，发现大多数居民来自外地，居民之间沟通较少，对社区建设也漠不关心。为此，小周策划了一场主题为"社区家园"的小组活动，以培养社区居民的归属感。小组活动内容以提升个人与社会环境的互动能力、挖掘组员潜能及培养领导意识为主。该小组的工作模式属于（　　）。

  A. 社会目标模式　　　　　　B. 发展模式
  C. 互动模式　　　　　　　　D. 治疗模式

38. 社会工作者张某组织的一个青少年活动小组到了一定的阶段后，组员们有以下一些表现：甲以转变话题等方式来回避小组的分享；乙常常沉默寡言；丙发言踊跃独占话题。他们在小组分享中既希望表现自己，又担心不被别人接纳。张某组织的这个活动小组进行到了小组工作的（　　）。

  A. 准备阶段　　　　　　　　B. 开始阶段
  C. 转折阶段　　　　　　　　D. 成熟阶段

39. 社会工作者老杨开设了"常喜乐"长者生命缅怀小组。在小组的不同阶段，组员的表现各异。下列组员的表现中，属于转折阶段的是（　　）。

  A. 在"自画像"环节组员相互推让，李奶奶带头发言后，其他人才接着发言

B. 在"我的生命树"环节，孙奶奶主动担任记录员，记录并总结组员的发言

C. 在人生意义的分享环节，李爷爷和王奶奶发生争执互不相让，相互批评指责

D. 在小组中逐渐变得积极的张爷爷重回沉默状态，未回应他人的分享

40. 社会工作者小姜在某康复中心为精神障碍患者家属开展小组服务。在小组中，小姜向组员介绍精神康复知识和与精神障碍患者相处的技巧，并向组员传授疏解照顾压力的方法。小姜主持的这个小组属于（　　）。

　　A. 教育小组　　　　　　　　　　B. 成长小组
　　C. 支持小组　　　　　　　　　　D. 治疗小组

41. 社会工作者针对儿童养育过程中父亲参与程度不足的问题，设计了"携手共成长"亲子训练营小组活动，在社区中招募了10对父子。在设计该小组方案时，社会工作者首先要考虑的是（　　）。

　　A. 组员特征　　　　　　　　　　B. 小组目标
　　C. 活动安排　　　　　　　　　　D. 可支配资源

42. 社会工作者小陈正在为社区志愿者开展提升演讲技巧的小组活动。在这个活动中，他发现有一名组员心不在焉，经常离开小组去打电话。此时，小陈最适宜的做法是（　　）。

　　A. 与其他组员讨论该组员的行为　　B. 在小组中再次重申小组规范
　　C. 当众提醒该组员注意自己的行为　　D. 委婉地劝说该组员退出小组

43. 在小组讨论时，社会工作者认真聆听组员的发言，了解组员的感受和期望，并不时地复述组员讲过的话，让他们感到被理解和被重视。上述做法中，社会工作者运用的技巧是（　　）。

　　A. 积极回应　　　　　　　　　　B. 示范引导
　　C. 自我表露　　　　　　　　　　D. 信息磋商

44. 在一次小组活动中，组员小莫正分享他的故事，讲了大约10分钟时，组员小欢打断了他："你讲的时间太长了，为什么你每次讲话都只想到你自己，从来不顾及我们的感受？"小欢的话令小莫感到愕然，小组随即一片沉默。此时，社会工作者最适宜的回应是（　　）。

　　A. "小欢，我知道你的意思，但你是否觉得这样说话会伤害到小莫呢？"
　　B. "小莫，对不起，小组是大家的，你的分享时间有些长了。"
　　C. "谢谢小莫与我们的分享！小欢的意见我们稍后再讨论。下面，我们先听听其他组员的分享，好吗？"
　　D. "是的，这确实是我们小组要注意的问题。不过小欢已经提出来了，小莫好像也已经意识到了，那我们继续往下进行吧。"

45. 在设计小组活动时，社会工作者要考虑小组活动与各个工作阶段目标的匹配度。在小组的后期成熟阶段，社会工作者最适宜设计的活动是（　　）。

　　A. "破冰"游戏，引导组员相互熟悉，消除相互之间的陌生感
　　B. "同心协力"活动，引导组员相互沟通，增进对彼此的了解

C. "谁是我"活动，引导组员真诚回馈，获得更深的自我认识

D. "角色冲突"情景剧，引导组员学习容忍和化解冲突的办法

46. 社会工作者拟为辖区内10~16岁困境儿童组建主题为"我的未来不是梦，天生我才必有用"的小组，目的是增强困境儿童自信心，提升其人际交往能力。在开展小组需求评估的过程中，以下说法正确的是（　　）。

A. 小组需求评估的重点必须聚焦于小组组员现在发生的问题

B. 小组需求评估可采用标准化量表，对组员作出诊断性判断

C. 小组需求评估需考虑小组整体需求、组员需求和小组环境需求

D. 小组需求评估应该采用单一的资料收集方法以保证准确性

47. 某社区老年活动室日常管理松懈、使用率偏低，社会工作者小刘拟通过动员居民参与来改变这种状况。从社区工作目标分类的角度看，下列做法中，属于"过程目标"的是（　　）。

A. 增加老年活动室的活动器材　　　B. 调整老年活动室的开放时间

C. 编制老年活动室活动安排表　　　D. 增强值班志愿者的责任意识

48. 某社会工作者主持召开居民会议，讨论社区无障碍设施建设和社区安保工作。该社会工作者主持会议的下列做法中，适宜的是（　　）。

A. 无论居民是否到齐，都要严格执行会议既定议程

B. 严格控制每项议程的时间，对与会者的意见迅速作出回应

C. 会议讨论中一旦出现分歧，就采取投票表决的方法作出决定

D. 在会议结束之前做简短总结，让居民看到会议的成效

49. 社会工作者小关针对社区"停车难"的问题召开居民会议，引导居民就"停车难"问题的严重性和紧迫性进行讨论。从社区分析的角度看，小关的做法属于（　　）。

A. 探寻问题起源　　　　　　　　B. 界定问题

C. 明确问题范围　　　　　　　　D. 描述问题

50. 社区照顾模式的实施策略强调协助困难群体在社区中重建支持网络。以下关于服务对象自助网络的说法，正确的是（　　）。

A. 网络成员因为遭遇突发事故而抱团取暖

B. 网络成员志同道合，彼此鼓励，组团服务社区居民

C. 网络成员来自多部门，发挥各自优势帮扶服务对象

D. 网络成员一般具有相类似的困难和问题

51. 以下不属于社会工作督导者应该符合的条件的是（　　）。

A. 具备社会工作从业资格

B. 每年接受不少于120学时的继续教育

C. 有不少于5年所督导服务领域的实务经验

D. 掌握所督导领域的专业知识技能和有关政策法规

52. 社会工作者小刘在社区中开展困境老人关怀服务。小刘首先将生活问题分为经济收入、生活照料、情感支持和权益保护等几个方面的具体问题，然后分析了这些具体问题

产生的原因。从问题认识和分析方法的角度看，小刘的做法属于（　　）。

  A. SWOT 分析法   B. 分支法

  C. PEST 分析法   D. 问题认识工作表

53. 为了在社区推动"空巢老人"互助项目，社会工作者小陈设计了"空巢老人"社会支持状况问卷，并准备在项目启动前后各进行一次问卷调查。从服务的角度看，小陈的做法属于（　　）。

  A. 效果评估   B. 过程评估

  C. 需求评估   D. 系统评估

54. 社会工作服务机构主要通过科学把握授权、协调、沟通和控制四个功能性环节，来实现机构的有效运作。以下关于功能性环节的说法，正确的是（　　）。

  A. 沟通的最佳模式是追求平级沟通

  B. 控制是为了实现目标而进行的检查与监督

  C. 协调是明确各部门自身的职责

  D. 授权是将上级的全部职权交给下属的过程

55. （　　）访问需事先准备访问纲要，在实际访问时依情境决定问题次序及字句，这样有助于系统性整理，但一些重要且突出的议题可能被排除。

  A. 直接性   B. 引导式

  C. 标准化开放式   D. 非正式会话式

56. 研究者欲了解求职技巧训练对提升参与者就业自信心的影响。在实验过程中，他将 20 名失业者随机地分为两组，利用自信量表对两组人员分别进行测量。结果显示，实验组和控制组的自尊平均得分分别是 2.8 分和 2.9 分。然后安排实验组接受求职技巧训练，控制组则不接受任何训练。再次测量后发现，实验组和控制组的自尊平均得分分别是 4.0 分和 3.0 分。结果显示：实验组得分增加 1.2 分，控制组得分增加 0.1 分，实验刺激净效果为 1.1 分。可以认为，求职技巧训练在一定程度上会提高参与者的就业自信心。这种实验设计属于（　　）设计。

  A. 索罗门四组   B. 简单时间序列

  C. 非对等控制组   D. 前后测控制组

57. 以下关于定性研究特点的说法，正确的是（　　）。

  A. 注重分析可操作变量和统计数据

  B. 注重研究问题的普遍性和代表性

  C. 注重独特现象与收集非数字化资料

  D. 注重研究者在调查中保持价值中立

58. 社会工作者小李设计了一份针对高龄独居老人服务需求的调查问卷，督导老王建议适当减少问卷中问题的数量。老王的这一建议主要体现的问卷设计原则是（　　）。

  A. 以回答者视角为主   B. 具备信度

  C. 考虑研究的类型   D. 具备效度

59. 某社会工作服务机构为了解青少年对"快乐阅读"活动的满意度，设计了一份调查问卷。根据问卷设计原则，下列问题适合排在最后的是（　　）。

A. 过去一个月，你参加过几次"快乐阅读"活动？①0次；②1次；③2次；④3次；⑤4次及以上

B. 你对"快乐阅读"活动的安排满意吗？①非常满意；②满意；③一般；④不满意；⑤非常不满意

C. 你对"快乐阅读"活动有何建议？

D. 通过参加"快乐阅读"活动，你的阅读兴趣有何变化？①提高；②不变；③降低

60. 以下关于个案研究优点的说法，正确的是（　　）。

A. 资料的格式基本统一，便于比较分析

B. 研究的结果具有整体性，可推论到相似个案

C. 有利于针对研究对象的问题提出具体的解决方案

D. 有助于实地研究前形成研究思路并进行理论构建

二、多项选择题（共20题，每题2分。每题的备选项中，有2个或2个以上符合题意，至少有1个错项。错选，本题不得分；少选，所选的每个选项得0.5分）

61. 社会工作实践中的伦理决定中，一个简单的决策模式的主要步骤包括（　　）。

A. 思考各种可能采取的行动　　B. 列举和思考不同决定可能的结果

C. 确认问题或困境　　　　　　D. 分析利益相关方的意图

E. 尊重服务对象的自我决定

62. 服务对象小赵是一位艾滋病病毒携带者，社会工作者小王接待了小赵，耐心地听小赵倾诉了自己内心的苦闷，说自己多年来所遭受的歧视。小王在经过小赵同意后，为他链接了专业医师提供咨询服务，并告诉他会为他保守秘密。上述做法，体现的社会工作专业价值观有（　　）。

A. 接纳　　　　　　　　　　　B. 个别化

C. 保密　　　　　　　　　　　D. 差别平等

E. 知情同意

63. 社会工作者小顾在一次个案面谈中得知，服务对象小赵已成功戒毒，但在吸毒期间染上了艾滋病。小赵因为害怕失去妻子，要求小顾一定为他保密。妻子则经常向小顾抱怨小赵行为怪异，对自己感情冷淡，怀疑他对婚姻不忠，并希望通过怀孕来保全自己的婚姻和家庭。根据社会工作专业伦理，小顾宜采取的做法有（　　）。

A. 将小赵的病情直接告知其妻子，请她多加关注

B. 为小赵疏导情绪，减轻精神压力积极面对问题

C. 征得小赵同意后，为他介绍病友自助互助小组

D. 将小赵的全部情况在机构个案报告会议中讨论

E. 与小赵的妻子探讨该如何维系他们的婚姻关系

64. 社会工作者拟采用变迁型学校社会工作的方式为流动儿童提供服务。下列服务中，属于变迁型学校社会工作方式的有（　　）。
    A. 促进家庭和学校间的联系并提供追踪服务
    B. 建立微信公众号定期推送学生的学习动态
    C. 成立学习互助小组帮助学生熟悉当地教材
    D. 对初中厌学学生提供情绪支持和矫正服务
    E. 开展成长训练营以帮助学生融入城市生活

65. 王先生今年46岁，与妻子育有一子一女。原本是程序员的他收入颇丰，但受到经济大环境影响，王先生所在的互联网行业不景气，他被企业"优化"了。失去了工作以后，家里的经济压力骤增，两个孩子的学费以及房贷压得王先生喘不过气，夫妻矛盾也开始变得激烈。王先生最近开始失眠，于是找到社会工作者小惠来帮助他。王先生现在面临的主要问题包括（　　）。
    A. 婚姻危机   B. 身心健康问题
    C. 经济问题   D. 早更
    E. 婚外恋

66. 在社会工作人才队伍建设试点工作中，各地充分发挥社会工作者和志愿者的作用。以下关于社会工作者和志愿者关系的说法，正确的有（　　）。
    A. 社会工作者有一定的组织形式，而志愿者没有
    B. 志愿服务是非职业活动，而社会工作是职业活动
    C. 社会工作者和志愿者都要接受专业教育和训练
    D. 社会工作者处理问题的复杂性大于志愿者
    E. 社会工作者的专业守则比志愿者的行为规范更严格

67. 以下关于社区组织间交往准则的说法，错误的有（　　）。
    A. 避免尽早与各组织交往
    B. 争取组织合作利益共享，实现盈利
    C. 交往各方可以口头约定彼此的权利责任
    D. 要注意主动维系组织间的交往关系
    E. 避免通过中间组织来维系组织之间的交往

68. 某研究者提出，要用实验研究法了解老年人参与减压小组对其睡眠时间长短的影响。对此，研究者必须完成（　　）。
    A. 通过随机抽样或配对形成两个特性相近的小组，并以第一组老年人为实验组
    B. 了解两组所有老年人过去一星期每晚的睡眠时间
    C. 对第一组老年人进行为期三天的减压技术训练
    D. 在减压技术训练后，对所有老年人再次测量其此后一星期每晚的睡眠时间，并比较与训练前的区别
    E. 对第二组老年人进行相同的减压训练

69. 以下属于小组工作支持小组的有（　　）。

A. 单亲家庭自强小组

B. 为吸毒人员提供服务的美沙酮治疗小组

C. 癌症患者小组

D. 针对吸毒人员的同伴治疗小组

E. 针对家庭暴力受害者开展的治疗小组

70. 社会工作者小周把成长小组前两次聚会的目的，确定为帮助组员建立互相信任的关系，希望运用沟通和互动技巧介入。聚会时，小周一方面倾听组员的问题，另一方面理解组员发言中所表达的信息。当发现某组员说个不停时，小周会以该组员能接受的方式进行小结，并邀请沉默不语的组员发言。小周的介入焦点包括（　　）。

A. 评估个别组员的问题

B. 创造机会让组员表达自己的想法

C. 培养组员积极倾听他人意见的良好习惯

D. 制定小组规范

E. 增强小组的凝聚力

71. 小冰的丈夫杨某经营一家电子产品直销店，一直以来生意都很好。可自从杨某迷上赌博后，就再也无暇照看店里的生意，还经常偷偷将店里的产品低价售出，以尽快换来赌资。小冰知道后非常生气，同时也担心这样下去丈夫会越陷越深，最后不仅会倾家荡产，还会把自己送进监狱。小冰向社会工作者小刘求助，小刘应（　　）。

A. 帮助小冰疏导焦虑

B. 报警

C. 劝小冰和杨某离婚

D. 与杨某进行沟通，向他列举赌博的危害

E. 建议小冰劝丈夫尽快戒赌

72. 某社区发动居民参与环境保护主题月活动，当居民以参与人数太少为由拒绝的时候，社会工作者可以采取（　　）方式对居民进行说服。

A. 熟人参与　　　　　　　　　B. 减少参与代价

C. 互相帮助　　　　　　　　　D. 赞赏对方

E. 体谅他人

73. 社区工作方法中，运用媒介的途径包括（　　）。

A. 邀请记者与新闻稿撰写　　　B. 接受媒体访问

C. 社交媒体的运用　　　　　　D. 写公众号

E. 发朋友圈

74. 小杨是某家福利机构的社会工作者，在同一个岗位已经工作了6年，最近他感觉到工作很枯燥，找不到工作的意义，对未来的发展也感觉到迷茫。为此，机构领导可以采取下列（　　）激励措施。

A. 工作轮换　　　　　　　　　B. 工作任务拓展和工作丰富化

C. 协助构建未来人力资源的规划　D. 涨薪

E. 重新设计工作职位

75. 运用生态系统理论时,应注意的问题有(　　)。
    A. 必须与自然环境相适应
    B. 社会工作者必须不断对服务对象与环境的关系做出新的判断
    C. 社会环境中的障碍可能是导致个人问题的重要因素
    D. 对服务对象的帮助不用从整个生态系统出发去看待和解决
    E. 社会工作者要从与服务对象相关的不同系统的角度分析问题

76. 以下属于研究报告撰写基本原则的有(　　)。
    A. 标题与内容呼应　　　　　　B. 版块体现完整性和逻辑性
    C. 定量资料与定性资料结合　　D. 风格朴实积极
    E. 与时俱进

77. 王先生的文化程度较低,去年下岗后失业在家,至今未找到工作。王先生的女儿在读大学,每年学费和生活费要一万多元,最近妻子又查出患有癌症,全家生活陷入极度困难状态,王先生也不知道能从何处得到帮助。社会工作者运用个案管理方法帮助王先生,要做的工作包括(　　)。
    A. 和王先生一起讨论他遇到的问题
    B. 全面评估王先生的问题及需要
    C. 以照顾性服务为重点制订服务计划
    D. 整合尽可能多的社区服务资源帮助王先生
    E. 加强与其他专业人员之间的合作

78. 服务对象小王向社会工作者咨询运动健身的有关信息,正好社会工作者手边有一份自己的哥哥开办的健身中心的宣传材料,社会工作者较妥当的做法包括(　　)。
    A. 将宣传材料给小王
    B. 将自己的哥哥开办健身中心的信息告诉小王
    C. 帮小王寻找其他健身中心的资料
    D. 将查找相关资料的方法告诉小王
    E. 将自己的哥哥的联系方式告诉小王,让小王自行联系

79. 支持性督导的工作内容主要包括(　　)。
    A. 增强被督导者的自我功能
    B. 协助被督导者适应和处理服务工作中所带来的各种情绪
    C. 在征得被督导者同意的基础上,提供相应的指导和忠告
    D. 协助被督导者发现工作成效,并能自我欣赏
    E. 给予被督导者从事专业的满足感和价值感,促进其对专业的认同

80. 社会工作督导过程中,督导者开展话题的技巧主要有(　　)。
    A. 提问
    B. 包容
    C. 提供答案

D. 专注地聆听

E. 由常见的事例开始，然后逐步发展到特殊性问题

考前冲刺试卷（二）

一、单项选择题（共60题，每题1分。每题的备选项中，只有1个最符合题意）

1. 2021年4月20日，民政部办公厅印发《关于加快乡镇（街道）社工站建设的通知》，统筹加快推进乡镇街道社工站建设进度。乡镇（街道）社会工作服务站建设是打通为民服务"最后一米"、推进国家治理体系和治理能力现代化的重要举措，对帮扶困难群众和特殊群体具有重要作用，此举充分说明了发展专业社会工作的重要性。以下关于专业社会工作的说法，正确的是（　　）。

   A. 社会工作通过行政手段自上而下地推进服务

   B. 社会工作属于志愿服务的一部分

   C. 学雷锋做好事属于社会工作的服务范畴

   D. 社会工作是一种以助人自助为理念的专门职业

2. 社会工作者小刘在社区走访中了解到部分独居老人行动不便，生活存在诸多困难。为帮助这些老人，小刘设计了调查问卷，评估了老人需求，链接了社区志愿者，开展了结对帮扶服务，缓解了他们的困难。上述服务中，小刘所运用的知识是（　　）。

   A. 学科知识　　　　　　　　B. 文化知识

   C. 政策知识　　　　　　　　D. 技术知识

3. 《关于加快推进乡村人才振兴的意见》提出，要加强农村社会工作人才队伍建设。要加快推动乡镇社会工作服务站建设，加大政府购买服务力度，吸引社会工作人才提供专业服务，持续实施（　　）社会工作专业人才支持计划。

   A. 革命老区　　　　　　　　B. 边缘地区

   C. 核心地区　　　　　　　　D. 贫穷地区

4. 以下关于社会工作要素的说法，正确的是（　　）。

   A. 服务对象是受助的客体

   B. 社会工作者与服务对象是单向互动的

   C. 社会工作者的存在是社会工作得以发生的基本前提

   D. 价值观是社会工作的灵魂

5. 下列社会工作者的做法中，最能体现建构社会资本目标的是（　　）。

   A. 为退伍转业军人开办就业能力提升小组

   B. 开展冬季流浪猫救助行动

   C. 链接公交巴士资源，为残障人士出行提供便利

   D. 上门给空巢家庭老人送餐

6. 李大妈因意外摔倒，骨折住院，独生儿子因打架伤害他人被判入狱，丈夫去世多年，几个远房亲戚也无暇照顾她。李大妈情绪低落，甚至有了轻生的念头。社会工作者小陈了解到这些情况后，一方面联系李大妈所在社区，招募志愿者为其提供护理照顾；另一方面鼓励李大妈配合治疗，并协调医院相关部门，减免了她的部分医疗费，还积极帮助李大妈申请政府的社会救助资金。根据上述内容，小陈的工作属于（　　）。

  A. 社会救助社会工作　　　　B. 社区社会工作

  C. 心理健康服务　　　　　　D. 医务社会工作

7. 服务对象小王是一名矫正对象，他告诉社会工作者小天，自己前几天在路上开车撞倒了一个行人后逃逸，希望社会工作者小天替自己保密。此时，小天适宜的做法是（　　）。

  A. 向小王承诺会为他保守秘密，并告知他以后开车要注意遵守交规

  B. 建议小王自首，并不向他承诺保密，必要时会向警方报告

  C. 希望小王告诉家人，争取家人的庇护

  D. 直接报警

8. 社区工作者小王计划组织社区的老年人春游。在策划活动方案时，为了让每一位老年人都能参与到活动中，小王广泛征求社区老年人及其家属的意见，请大家积极参与设计活动方案。但是，由于社区老年人较多，年龄和身体状况差异很大，大家难以形成一致意见。考虑到老年人的状况，小王最终设计了两套不同的活动方案，分批次组织老年人春游。上述小王的做法，突出体现了伦理难题处理的（　　）原则。

  A. 保护生命　　　　　　　　B. 坦率真诚

  C. 最小伤害　　　　　　　　D. 差别平等

9. 为促进残障青年平等参与社会，居委会联合物业公司根据残障青年的身体特点，将一些保洁工作交由他们承担。在工作过程中，部分保洁人员聚在一起讨论："这些人应该待在家里，在这儿其实也干不了啥。"针对这种情况，社会工作者宜采取的做法是（　　）。

  A. 以维系和谐关系为前提，为残障员工提供职业技能培训

  B. 以保障残障人士权益为前提，倡导接纳和包容残障员工

  C. 以遵循专业原则为前提，为残障员工提供心理疏导

  D. 以促进社会公正为前提，推进社区无障碍环境改造

10. 28岁的晓东自诩为"三和大神"，每天不外出工作，也不愿意和朋友联系。晓东沉浸在自己的世界里，父母怎么劝说也无效，每次父母和他沟通，他都觉得自己没有一技之长，即使勉强外出，也会成为别人眼中的"炮灰"，并且他认为躺平没什么不好，每个人都有自己的生活方式。晓东的父母十分焦虑，因此决定找社会工作者帮忙。根据社会工作价值观的实践原则，社会工作者适宜的做法是（　　）。

  A. 尊重晓东的意愿，认同他对生活方式的选择

  B. 保护晓东的隐私，帮助他不被周围的人影响

  C. 尊重晓东的想法，帮助他链接资源，提升自尊自信

D. 批评晓东的想法，告知他不能躺平

11. 学校社会工作者小王被学生家长投诉，称其组织的拓展活动太危险，家长担心孩子受伤。学校校长也担心出问题，就暂停了小王组织的拓展活动。小王感到很委屈，认为自己非常认真地制定了安全措施，但却不被理解。于是，他找到督导老张，老张建议小王一方面调整活动方案，降低拓展活动的难度，减少高风险项目；另一方面与学校和家长沟通，向学校和家长说明调整后的活动方案，争取得到学校和家长的支持。上述做法，主要体现了社会工作者专业伦理（　　）的作用。

    A. 约束社会工作者运用专业方法开展工作

    B. 维护合作机构在专业服务中的单方利益

    C. 促进社会工作者提供更加适当的服务

    D. 确保社会工作者在专业服务中实现个人价值

12. 根据埃里克森的人类发展阶段论，个体在成年中期需要处理的冲突是（　　）。

    A. 勤奋还是自卑　　　　　　　B. 亲密还是孤独

    C. 繁殖还是停滞　　　　　　　D. 主动还是内疚

13. 同辈群体是社会工作专业服务的对象，同时也是可以利用的助人要素。以下关于同辈群体的说法，正确的是（　　）。

    A. 同辈群体的形成完全是偶然的

    B. 同辈群体在不同的社会系统中常扮演相同的角色

    C. 同辈群体由年龄、志趣和行为方式均相同的人组成

    D. 同辈群体对个体的认知、行为和情绪都有直接影响

14. 某老旧小区停车难的问题一直困扰着小区居民。于是，社区居民不得已开始自发在车上留下联络电话，并逐渐养成了按标准车距规范停车等行为。这体现了（　　）。

    A. 社区居民之间的停车行为具有共同特征

    B. 社区自身存在错综复杂的社会交往关系

    C. 社区自身的社会规范约束居民的停车行为

    D. 社区居民对社区的认同感影响了停车行为

15. 小玉是一名地震的幸存者，当年她在地震中失去了双腿，告别了自己想要成为舞蹈演员的人生梦想。十几年过去了，小玉依靠坚韧不拔的努力，成为一名优秀的教师，实现了自己的人生价值。根据马斯洛的需要层次论，上述情形满足了小李（　　）的需要。

    A. 尊重　　　　　　　　　　　B. 归属与爱

    C. 安全　　　　　　　　　　　D. 自我实现

16. 现代社会，人们通过互联网获取信息，经常出现的情况是今天人们支持一种观点，结果过不了几天，剧情便发生了反转，人们又改成支持另一种观点。上述情形表明，影响人们行为的社会环境是（　　）。

    A. 社区　　　　　　　　　　　B. 学校

    C. 工作单位　　　　　　　　　D. 大众传媒

17. 服务对象小刘大学毕业后，为了找到一份让自己满意的工作，不断参加求职面试，但一直没有成功，为此她感到心灰意冷，开始自暴自弃。此时，社会工作者最适宜采取的干预措施是（　　）。

　　A. 建议政府完善大学生就业服务体系

　　B. 帮助小刘宣泄负面情绪建立自信心

　　C. 协助小刘准确定位自己的发展目标

　　D. 推动各类企业多渠道发布招聘信息

18. 弗洛伊德的精神分析理论对20世纪以来的社会科学产生了广泛影响，对社会工作个案治疗领域的影响也是极其深远的。根据弗洛伊德的精神分析理论，当人格失调时，治疗的焦点应放在（　　）的强化。

　　A. 本我　　　　　　　　　　　　B. 自我

　　C. 超我　　　　　　　　　　　　D. 防卫机制

19. 生态系统理论认为，环境既是造成个人问题的重要根源，也是解决个人问题的重要途径。个人在环境中产生的问题只能在环境中解决。以下说法中，符合生态系统理论的是（　　）。

　　A. 个人问题的根源在于环境的压迫

　　B. 对个人而言，宏观系统是恒定不变的

　　C. 个人能够与环境形成良好的关系

　　D. 个人对外在环境的错误理解是问题的根源

20. 10岁的小亮因父母去世与爷爷共同生活，爷爷主要靠捡废品的微薄收入维持生计，平日无暇管教小亮。在学校里，小亮因性格内向没有朋友，还经常被同学欺负。近日，小亮的爷爷找到未成年人保护站社区工作者小路，说小亮总是自己待在家里，不想与人交流，还说不想去上学。小路在了解情况后，拟根据系统理论分析其原因。以下说法中，最符合该理论的是（　　）。

　　A. 小亮存在非理性的认知，缺乏自我肯定

　　B. 小亮的问题由自身和环境共同作用而成

　　C. 小亮需要改变偏差行为，找到生活意义

　　D. 小亮的逃避行为源于过度压抑的内驱力

21. 张女士是一个思想观念很传统的人，丈夫嗜酒如命，每次喝醉了打她已经成为习惯。张女士认为自己没本事，被虐待是自己的命不好。根据增强权能理论，社会工作者在个人层面开展服务，其恰当的做法是（　　）。

　　A. 着重从张女士童年时期的经历来分析其宿命论的根源

　　B. 引导张女士与丈夫一起更好地掌握夫妻良性互动的技巧

　　C. 协助张女士消除无力感并使她相信自己有解决问题的能力

　　D. 引导张女士重新理解过去经历的意义

22. 小彬找工作时总是在面试环节被淘汰，导致他对面试产生了心理阴影，一进入面试场地就身体僵硬，手足无措。为此，小彬向社会工作者大洪求助。为了帮助小彬缓解在

真实面试场景中产生的紧张焦虑情绪，大洪运用认知行为理论中的逆向操作方法介入，其适宜的做法是（　　）。

  A. 在实施逆向操作前征得小彬同意

  B. 给小彬布置逆向操作的家庭作业

  C. 逆向操作时让小彬独自体验面试情境

  D. 让小彬在逆向操作中形成正向的经验

23. 个案管理是较晚发展起来的一种社会工作方法。在特定条件下，使用个案管理可以取得其他方法无法达到的效果。以下关于个案管理的说法，正确的是（　　）。

  A. 个案管理就是社会工作者在服务过程中管理好服务对象

  B. 个案管理就是为服务对象的特殊需要提供各类直接的服务

  C. 个案管理就是把每个服务对象的档案建成电子文档并管理好，以便随时查询

  D. 个案管理就是社会工作者协调和管理好各种资源，进而为特定服务对象提供综合服务

24. 检查服务对象的非理性信念是厘清治疗理论的一个必要环节。以下属于非理性信念的是（　　）。

  A. "我是一名企业高管，我这么优秀，我的女儿肯定会优秀。"

  B. "这次考试又考砸了，看来我还是努力不够，还得继续加油。"

  C. "我从小生活得很艰苦，现在参加工作了，希望生活可以慢慢好起来。"

  D. "我儿子毕业快半年了还没有找到合适的工作，现在合适的工作不好找。"

25. 公司白领王小姐经常加班到深夜，感到工作压力太大。尽管她工作很努力，但还是常常担心做不好被领导责备。最近，王小姐感到非常焦虑，经常失眠，工作效率也降低了，这又进一步加重了王小姐的焦虑。社会工作者经过初步评估，运用放松练习的技术，减轻了王小姐的心理焦虑。社会工作者扮演的专业角色是（　　）。

  A. 教育者   B. 治疗者

  C. 使能者   D. 协调者

26. 小沈与丈夫一起在城市务工，3岁的女儿留在老家由公婆照看。小沈的工作是在流水线上组装电子元件，要求精神高度集中，长此以往，小沈精神紧绷，出现了身体疼痛的情况。最近，由于工厂要赶订单，加班次数增多，小沈无法好好休息，常常急躁焦虑，还影响到夫妻关系。为此，她想辞职回老家照看孩子，但又担心失去工作后家庭经济无法维系，向社会工作者小李求助。小李评估了小沈的情况后，拟根据任务中心模式开展服务，其恰当的做法是（　　）。

  A. 了解小沈近期生活并引导其整理感受

  B. 协助小沈探究问题解决的先后次序

  C. 采用对话式的提问了解小沈的情绪状态

  D. 分析小沈成长经验对她当前的影响

27. 李女士向社会工作者诉苦："我丈夫从不管家里的事，我每次跟他说家里的事，他就跟我发脾气，孩子的事他也不管，还常常找借口不回家。我一心为了这个家、为了孩

子，却还经常受气。要不是为了孩子，我早就跟他离婚了。可是，最近连孩子也嫌我烦，对我不理不睬的，真是烦死了。"社会工作者说："丈夫和孩子对您为家庭的付出不理解，这让您很伤心，很烦恼。"上述对话中，社会工作者运用的技巧是（　　）。

  A. 对质　　　　　　　　　　B. 澄清
  C. 同理心　　　　　　　　　D. 重构

28. 阿汤今年40岁，身体残疾，没有其他亲人，一直靠低保维持生计。前段时间，阿汤开始低烧，经医院检查患有白血病，高昂的医疗费让阿汤无力承担。社会工作者小齐了解情况后，准备链接一些资源帮助阿汤。从链接正式资源的角度看，小齐适宜的做法是（　　）。

  A. 链接志愿者资源，给予鼓励支持
  B. 联系阿汤的同乡，拓展同伴资源
  C. 寻找助残机构和基金会，提供医疗救助
  D. 发动邻里捐款，提供经济援助

29. 小娟是一名大学一年级的学生，性格内向。入学后不久，小娟就因为生活习惯不同而与同宿舍的同学发生了冲突。小娟感到同宿舍的同学都不喜欢她，她很烦恼，心理压力很大，甚至产生了退学的念头。学校社会工作者小刘运用心理社会治疗模式，对小娟问题的产生时间和影响事件进行了评估分析。小刘所做的评估是（　　）。

  A. 分类诊断　　　　　　　　B. 心理动态诊断
  C. 缘由诊断　　　　　　　　D. 非理性信念诊断

30. 社区社会工作者小李发现，社区里有许多家庭是年轻夫妇与老年人一起生活，其中很多家庭存在婆媳矛盾。经过调查，小李发现很多家庭的婆媳之间并没有根本的利害冲突，而是沟通有问题。因此，小李开设婆媳小组，通过角色扮演的方式来练习沟通技巧。按照小组分类，该小组工作类型属于（　　）。

  A. 教育小组　　　　　　　　B. 支持小组
  C. 治疗小组　　　　　　　　D. 成长小组

31. 在某一节小组活动开始前，社会工作者向小组成员强调，大家要学会尊重每一个人，学会倾听，不要打断他人的讲话，同时也不要过于沉闷，要积极参与小组讨论。此时，小组处于（　　）。

  A. 开始阶段　　　　　　　　B. 转折阶段
  C. 成熟阶段　　　　　　　　D. 结束阶段

32. 小组讨论中总有一些人热情高涨，发言积极踊跃，对活跃小组气氛起到重要作用；也有一些人不善于发言，有时似乎想说话，但是抢不上话。对此，社会工作者应采用（　　）技巧。

  A. 鼓励和沉默　　　　　　　B. 限制和鼓励
  C. 中立和沉默　　　　　　　D. 提问和引导

33. 社会工作者李某带领一个大学生成长小组，组员发言积极主动。李某在每名组员分享经验后对发言者给予了反馈。李某运用了小组工作中的（　　）技巧。

A. 积极回应 B. 专注与倾听
C. 引导讨论 D. 示范引导

34. 社会工作者小戴通过事业启航工作坊来提升高校学生的就业技能，通过教授制作简历、模拟面试等方式来加强大学生的综合就业能力，激发他们的潜能。依据小组工作模式，该小组最有可能采用的是（　　）。

A. 互动模式 B. 治疗模式
C. 发展模式 D. 社会目标模式

35. 对小组进行过程评估是小组工作的一种重要手段。良好地运用过程评估，不仅能掌握小组工作的进程，还能使社会工作者有的放矢地调整工作重点，适时地推动小组工作实现目标。一般来讲，在一个发展性小组中，过程评估的重点应该是（　　）。

A. 目标行为的频率 B. 引发行为的原因
C. 组员的参与程度 D. 组员自我意识的提升

36. 社会工作者小君拟开办一个针对青少年的戒除网瘾治疗小组。以下关于小组目标制定原则的说法，正确的是（　　）。

A. 制定目标应当高于组员的现有能力
B. 小组目标不应当有明确的时间限制
C. 小组目标之间彼此相容，互不冲突
D. 小组目标尽量避免使用积极正向的表述

37. 社会工作者小魏发现所在社区有许多高龄老人行动不便，生活需要照顾，而他们中许多人的子女不在身边。小魏向社区居民招募志愿者，动员社区内的餐馆为老年人提供低价用餐服务。上述小魏的做法，体现出的社区工作具体目标是（　　）。

A. 培养民主精神 B. 尊重社区自决
C. 善用社区资源 D. 提高居民能力

38. 某小区属于老旧小区，小区停车问题一直困扰着社区居民，甚至常常造成居民之间的正面冲突。为了解决这个问题，社区工作者小李推动居民成立了停车问题议事委员会，鼓励居民一起讨论停车规则，最大程度地挖掘社区资源。经过不懈努力，议事委员会初步形成了居民认可的停车规则，规范了停车秩序，最重要的是提高了居民协商议事能力。从社区工作的地区发展模式角度看，社会工作者扮演的角色是（　　）。

A. 中介者 B. 领导者
C. 使能者 D. 协调者

39. 以下关于社会策划模式的说法，正确的是（　　）。

A. 相信社区居民能够通过讨论协商、互助合作解决社区问题
B. 通过运用专业知识和科学决策，自上而下地推动社区改变
C. 重视动员亲戚、朋友、邻里和志愿者等资源帮助社区困难群体
D. 致力于帮助居民重视社区参与的重要性，并愿意承担责任，为社区作出贡献

40. 社会工作者在询问社区居民的公共服务需求时，大部分居民反映社区的停车位太少，希望社会工作者与辖区单位协商，借用该单位的地下停车场解决夜间停车问题。根据

布赖德肖的需要类型,该社区居民的需要属于( )。

　　A. 感觉性需要　　　　　　　　B. 表达性需要
　　C. 比较性需要　　　　　　　　D. 规范性需要

41. 某老旧小区以老年人和租户为主,水电管线等基础设施老化,服务设施配套不全,也没有物业管理服务。社会工作者老王计划运用社会策划模式,协助居委会将小区纳入明年政府老旧小区改造的名单。老王研读和分析相关文件规定,掌握了准入条件;通过逐户走访,宣传改造给居民带来的好处,摸清了居民对小区改造的要求和承受能力;还与同事一起分析和预测老旧小区改造政策变化的趋势,以及本小区改造所面对的机会、竞争和障碍。从社会策划模式实施策略的角度看,上述老王的工作属于( )。

　　A. 问题分析和界定　　　　　　B. 需求评估和确定
　　C. 方案比较和选择　　　　　　D. 环境和形势分析

42. 社会工作者计划在某新建商品房小区内开展社区发展服务。在制订计划阶段,他们到社区居委会查阅了相关档案资料,发现这个社区的老年人比较多,并且来自不同阶层、不同省份,甚至不同民族。针对这种情况,社会工作者设计了相应的服务计划。社会工作者这样做的目的是分析该社区的( )。

　　A. 人口结构　　　　　　　　　B. 权力结构
　　C. 文化特点　　　　　　　　　D. 居民需求

43. 目前,我国各地都在推广政府购买服务。按照政府的要求,第三方评估机构每年都要组织对政府购买服务进行评估。以下属于结果评估的是( )。

　　A. 服务人数的变化　　　　　　B. 服务目标完成情况
　　C. 服务的推进方式　　　　　　D. 志愿者的配置情况

44. 在机构内部运行中,能够有效提升员工满意度,并提高机构工作效率的是( )。

　　A. 授权　　　　　　　　　　　B. 协调
　　C. 沟通　　　　　　　　　　　D. 控制

45. 社会服务领域通常引入项目化运作方式开展服务。以下关于项目基本特征的说法,正确的是( )。

　　A. 项目需有明确而具体的目标
　　B. 项目需在实施过程中确定目标
　　C. 项目没有明显的时间周期特征
　　D. 项目运行是单个主体主导运作的结果

46. 某社会工作服务机构依据社会组织等级评估标准自查时,发现机构的治理结构不够规范,对此,该机构决定加强内部治理,其正确的做法是( )。

　　A. 按机构章程规定定期召开理事会　　B. 将机构年报定向发送给合作伙伴
　　C. 终止不符合机构使命定位的项目　　D. 多渠道公开机构的年度财务报告

47. 某社区属于养老型商品房小区,地处城市郊区。老年人的照顾需求量大且复杂,既需要生活照顾,又需要医疗健康照顾,同时还有部分老年人属于失独老人,需要更深入的治疗服务。针对这种情况，某社区服务机构申请了政府购买项目，由社会工作者牵头，组织医生、心理咨询师、社区志愿者以及社区居委会工作人员成立项目组。该项目组属于（　　）团队。

  A. 问题解决   B. 多功能

  C. 医疗服务   D. 老年人服务

48. 某社会工作事务所主任老李为了更好地发挥专业人员的作用，调动专业人员的积极性，采用民主管理的方式对事务所进行管理。以下最能体现出民主型领导方式的是（　　）。

  A. 凭借个人的威信建议下属灵活选择工作程序和方法

  B. 凭借个人的权力指挥下属安排好工作程序和方法

  C. 运用工作职权要求下属执行既定的工作程序和方法

  D. 放弃工作职权让下属自行安排工作程序和方法

49. 作为社会工作专业机构，公信力是其生存的基础，而一个机构的公信力主要取决于自身因素。下列评估指标中，最能体现社会工作专业机构公信力的是（　　）。

  A. 志愿者的参与程度   B. 社会工作者的数量

  C. 治理结构的规范性   D. 社会捐赠的资金量

50. 以下不属于民政部在社会福利和社会治理方面职能的是（　　）。

  A. 儿童福利   B. 社会事务

  C. 慈善事业   D. 促进就业

51. 志愿者管理是社会服务中的一个难题，需要管理者针对志愿者的特点采取有针对性的管理方针和原则。针对志愿者在工作中出现的问题，管理者恰当的做法是（　　）。

  A. 及时指出问题，给予建设性意见

  B. 接受服务对象的建议，终止志愿服务

  C. 根据志愿者管理办法，扣发津贴

  D. 基于志愿者的无私奉献，不予惩处

52. 同事督导是社会工作专业机构经常采用的一种督导形式，但是，同事督导的人员构成是有一定要求的。以下关于同事督导团体组成的说法，正确的是（　　）。

  A. 团体成员技术层次相同   B. 团体成员不少于10人

  C. 团体成员来自本机构   D. 由一个专业权威主持

53. 督导者老张受邀请对某街道社工站进行为期一年的督导，他首先约站点负责人小夏谈话。下列老张的做法中，最适宜的是（　　）。

  A. 相互了解，寻找督导的起始点   B. 指导工作，鼓励小夏做好服务

  C. 综述小夏的学习和成长的过程   D. 口头确定双方认可的督导形式

54. 小刘是一名刚参加工作的社会工作者，负责居家养老服务，他满怀热情地投入工作，却在几次入户访问时都遭遇了"闭门羹"，还有一些老年人抱怨现有服务不够细致周到，这让小刘有些沮丧且不知所措。针对这种情况，督导者首先应采取的做法是（　　）。

  A. 讲解居家养老的有关政策   B. 介绍老年人的认知特征

C. 给予关怀并处理负面情绪　　　　D. 分析服务效果不佳的原因

55. 以下关于社会组织公信力评估的说法，错误的是（　　）。
    A. 资金要合理使用
    B. 服务和活动与组织使命和宗旨不必完全一致
    C. 财务与信息要透明化
    D. 要有规范的治理结构

56. 以下不属于实证主义方法论观点的是（　　）。
    A. 社会工作研究的目的是发现规律
    B. 解释是探究普遍规律的，是通过演绎推理来推进的
    C. 社会工作研究应该是价值无涉的和客观的
    D. 科学知识是不完美的，但是可以对抗虚假意识

57. 行动研究是社会工作者经常采用的一种研究方法。在行动研究中，应该做到（　　）。
    A. 从研究假设出发　　　　　　　B. 保持价值中立
    C. 被研究者参与研究和行动　　　D. 将研究结果用于改变研究对象

58. 问卷调查是社会工作者经常使用的研究方法。一份调查问卷的结构必须是完整的，不能缺少关键要素，同时也不能出现不应有的元素。在一份同性恋人群社会关系的调查问卷中，（　　）是不应该出现的。
    A. 调查对象的性别　　　　　　　B. 调查对象的年龄
    C. 调查对象的姓名　　　　　　　D. 调查对象的性取向

59. 社区工作者小赵发现所在养老机构服务失智老人的方法固化，决定采用行动研究将失智老人的服务和研究进行整合，创新服务失智老人的有效方法。下列小赵的做法中，最能体现该研究兼具批判建构功能的是（　　）。
    A. 小赵鼓励失智老人及家属共同参与研究
    B. 小赵在自己的实践情境中边行动边研究
    C. 小赵对现有失智老人服务方案提出修订思路
    D. 小赵将研究目标确定为优化失智老人的服务

60. 社会工作者老顾拟收集某个家庭的资料，以形成相应的家庭治疗方案。如果老顾要从该家庭的成员、邻居、所在居委会等方面分别获取资料，最适宜的资料收集方法是（　　）。
    A. 问卷法　　　　　　　　　　　B. 观察法
    C. 访问法　　　　　　　　　　　D. 文献法

二、多项选择题（共 20 题，每题 2 分。每题的备选项中，有 2 个或 2 个以上符合题意，至少有 1 个错项。错选，本题不得分；少选，所选的每个选项得 0.5 分）

61. 在社会工作实务中，社会工作者往往都是一身多能，社会工作者小黄就是这样。

小黄在社区里为有行为偏差的青少年提供小组服务，逐步矫正他们的行为。小组服务结束后，小黄根据这次小组服务工作的经验撰写了一份研究报告。上述做法中，小黄扮演的角色有（　　）。

  A. 资源筹措者   B. 政策影响者
  C. 服务提供者   D. 支持者
  E. 研究者

62. 我国社会工作发展的基本原则之一是要坚持社会主义核心价值观的引领。下列表述中，反映社会工作发展坚持社会主义核心价值观引领的有（　　）。

  A. 社会工作要通过服务获得更加广泛的社会认同
  B. 社会工作在社会层面上追求社会公平正义和包容
  C. 社会工作要立足中国实际，运用本土社会服务经验
  D. 社会工作在宏观层面上追求社会民主、和谐与社会进步
  E. 社会工作在职业行动上要做到敬业、诚信，提供社会服务

63. 社会工作专业伦理守则的作用包括（　　）。

  A. 促进专业的健康发展   B. 保护服务对象的权益
  C. 提升机构的影响力   D. 维护社会正义
  E. 增加专业的曝光度

64. 社区孤寡老人张先生已经80多岁，行动不便，又患有多种慢性病。针对张先生的情况，社会工作者小李有针对性地为张先生开展了家庭服务，帮助张先生解决了生活困难的问题。张先生非常感激，甚至有意认小李为干女儿，并悄悄地对小李说，如果小李同意做他的干女儿，他就把自己的财产都留给小李。对此，小李正确的做法有（　　）。

  A. 接受老人的建议，以干女儿的身份更好地提供服务
  B. 婉拒老人的好意，并将老人转介给其他同事
  C. 婉拒老人的好意，继续为老人提供服务
  D. 婉拒老人的好意，建议老人尝试以房养老
  E. 婉拒老人的好意，并终止服务

65. 现在的中学生群体很流行玩电子游戏，许多学生因此影响了学习，甚至有的学生会模仿游戏里的人物做出一些危险行为。针对这种现象，学校社会工作者设计了以下方案，其中属于预防层面的有（　　）。

  A. 帮助学生提高学习能力和学习成绩
  B. 针对有偏差行为的学生开展矫正服务
  C. 引导家长关注学生的日常活动
  D. 帮助学生养成良好的作息习惯
  E. 开展社会交往小组活动

66. 小娟童年时受到过性侵害，成年后，尽管周围并没有人知道她的童年经历，但她总是认为自己有污点，人们会看不起她。因此，小娟对生活充满怨恨，生活态度悲观。社会工作者判断小娟的困扰源于（　　）。

A. 小娟对自己的知觉和评价
B. 小娟对他人的知觉和评价
C. 家人对小娟的知觉和评价
D. 周围人对小娟的知觉和评价
E. 小娟对自己所处物理环境的知觉和评价

67. 结构式家庭治疗模式以家庭为单位对家庭和个人的问题进行治疗，其核心概念包括（   ）。
A. 家庭系统   B. 家庭结构
C. 家庭生命周期   D. 病态家庭结构
E. 家庭功能失调

68. 任务中心模式认为，社会工作者只有借助具体的沟通行动，才能把自己的想法传递给服务对象，推动服务对象发生改变。在该模式中，有效的沟通行动必须具备的要素有（   ）。
A. 沟通需要聚焦于问题
B. 沟通与服务介入过程紧密联系
C. 沟通需要社会工作者的及时回应
D. 沟通要鼓励服务对象放弃自我评价
E. 沟通需要社会工作者分享经验和感受

69. 蒋先生是一名刚退休的领导干部，对退休生活很不适应。他不愿意承认自己年纪大了，更不愿意承认自己身体不够健康，在家里经常对妻子发脾气。蒋先生的妻子曾劝他到社会工作事务所求助，但是被他拒绝了，蒋先生的妻子便偷偷找社会工作者帮忙。为促使蒋先生接受社会工作专业服务，社会工作者目前应该做的工作有（   ）。
A. 直接邀请蒋先生接受服务
B. 向蒋先生介绍机构的服务
C. 请蒋先生的妻子将机构服务资料带给蒋先生
D. 对蒋先生进行危机干预
E. 请蒋先生原单位领导帮忙劝蒋先生接受服务

70. 某青少年控烟小组工作临近结束，社会工作者对组员在认知和行为上的积极变化予以鼓励和肯定，同时与组员家长沟通，指导家长协助保持组员的积极变化，还计划在未来6个月内，到组员家中进行家访。上述做法中，社会工作者协助组员保持小组经验的方法有（   ）。
A. 模拟练习   B. 树立信心
C. 寻求支持   D. 处理情绪
E. 跟进服务

71. 针对具有行为偏差的服务对象，社会工作者可以运用小组工作的治疗模式，帮助组员在心理、社会和文化适应方面得到康复、发展和完善，并预防可能会对个人造成不良影响的消极因素出现。社会工作者在采用治疗模式开展小组工作时，需要坚持和实施的主要原则有（   ）。

  A. 综合性原则   B. 培养组员社会责任感

  C. 建构性原则   D. 提升组员社会意识

  E. 个别性与共同性相结合

72. 社会工作者小安针对社区青少年组织开展"我的未来不是梦"职业规划小组活动，现在要对小组进行过程评估。以下能够用来收集资料的方法有（   ）。

  A. 行为计量表   B. 小组过程记录

  C. 小组满意度量表   D. 小组目标实现表

  E. 小组感受卡

73. 社会工作者小吴在社区走访时发现，家住5楼的赵阿姨腿脚不便，且精神状态不佳。深入了解后，小吴得知赵阿姨今年65岁，老伴多年前去世，子女长期在外地工作，身边无人照顾。从建立非正式照顾者系统的角度看，小吴可以动员的人员有（   ）。

  A. 社区的志愿者   B. 社区居委会工作人员

  C. 赵阿姨的朋友   D. 赵阿姨的邻居

  E. 社区日间照料中心的护理人员

74. 危机介入模式认为，危机的发展一般可以分为（   ）。

  A. 潜伏阶段   B. 危机阶段

  C. 解组阶段   D. 恢复阶段

  E. 重组阶段

75. 居民参与是社区工作的关键环节。动员居民关注社区事务、参与社区建设，是社区工作的重要内容。一般来讲，当一名社会工作者进入一个社区开展工作时，动员居民的途径主要有（   ）。

  A. 直接喊话   B. 召开居民大会

  C. 请社区居委会发通知   D. 请学校帮忙通知家长

  E. 逐户拜访

76. 职业倦怠在社会工作专业的从业者中是普遍存在的问题。机构管理者发现有员工出现职业倦怠时，宜采取的激励措施有（   ）。

  A. 提供更多的休假机会   B. 重申机构纪律

  C. 帮助员工制定职业生涯发展规划 D. 轮换工作岗位

  E. 提供员工参与决策的机会

77. 小孙是一家为困境儿童提供儿童保护的服务机构的社会工作者，他打算向本市的一家基金会申请一笔项目资金。以下属于项目申请书应当包含的内容有（   ）。

  A. 向政府或基金会申请这笔经费支持的意义

  B. 说明使用这笔资助可能达到的预期效果

  C. 项目编号

  D. 国外项目经验

  E. 项目预算

78. 某医院医务社会工作者的工作十分繁重，服务对象及其家属又常常向社会工作者发脾气，致使一线社会工作者经常紧张和焦虑，对工作产生畏难情绪。针对这种情况，社会工作督导可以通过教育性督导来缓解社会工作者的压力，具体做法包括（   ）。

  A. 协助被督导者发现工作成效，并自我欣赏

  B. 引导被督导者学习压力释放方法，预防职业倦怠

  C. 强化被督导者处理冲突技巧的训练

  D. 激发被督导者工作动机和士气，并对机构产生认同感

  E. 指导被督导者综合考虑重要性和紧迫性因素，排列服务的优先次序

79. 督导老杨发现社会工作者小李最近情绪不稳定，甚至直接指责服务对象小玲的父亲对小玲实施了家庭暴力，认为是小玲的父亲造成了小玲的人格问题。督导老杨在与小李交谈后得知，小李童年时也常常遭到父亲的打骂。面对这种状况，老杨可以采取的做法有（   ）。

  A. 与小李分享自己处理类似困境的经验

  B. 立即向机构负责人提出安排小李暂时休假

  C. 鼓励小李表达感受和宣泄情绪并发现其中的意义

  D. 与小李一起进行自我探索，以协助小李更加了解自己

  E. 立即安排其他社会工作者接替小李的工作

80. 以下属于一般的社会工作研究报告内容的有（   ）。

  A. 引论　　　　　　　　　　B. 文献回顾

  C. 讨论和建议　　　　　　　D. 工作模式

  E. 实务内容

考前冲刺试卷（三）

一、单项选择题（共60题，每题1分。每题的备选项中，只有1个最符合题意）

1. 以下关于专业社会工作的说法，正确的是（   ）。

  A. 专业社会工作体现了自上而下的工作方式

  B. 专业社会工作强调用行政管理的方式化解矛盾

  C. 专业社会工作的价值观等同于社会价值观

  D. 专业社会工作强调对服务对象的接纳与尊重

2. 以下关于社会工作构成要素的说法，正确的是（   ）。

  A. 社会工作的专业方法只有个案、小组、社区工作方法

  B. 服务对象是社会工作专业的前提

  C. 社会工作者与服务对象是受助的主体

  D. 助人过程是社会工作的灵魂

3. 近年来，一些城市的殡葬服务领域逐步引入专业社会工作者，针对逝者家属开展辅导服务，给予其精神慰藉；同时通过个案工作、小组工作等方法，针对殡仪馆员工进行人文关怀和心理辅导，减轻其工作压力。从社会工作专业化发展的角度看，上述做法体现了社会工作的（　　）。

  A. 专业方法发展   B. 目标模式变化

  C. 工作对象拓展   D. 整合发展取向

4. 最近，社会工作者小刘接待了一位单亲母亲张女士。张女士抱怨说："不辅导功课，母慈子孝，辅导功课，鸡飞狗跳。"张女士总是觉得自己的儿子小强学习不认真，每次辅导功课总是忍不住发火，但是这种做法不但于事无补，反而引起了小强的叛逆心，学习成绩更是一落千丈，为此，家里总是争吵不断。张女士情绪崩溃，希望得到社会工作者小刘的帮助。小刘对张女士的服务领域主要是（　　）。

  A. 医务社会工作   B. 学校社会工作

  C. 家庭社会工作   D. 社区社会工作

5. 小何夫妇因关系紧张向社会工作者小张求助。小张与他们面谈后发现，小何夫妇因工作早出晚归，孩子放学后无人看管，两个人经常指责对方不负责任。因此，小张向他们建议，孩子放学后可以到社区的青少年中心接受托管服务。根据上述内容可以判断，小张除扮演服务提供者的角色外，还扮演了（　　）的角色。

  A. 倡导者   B. 支持者

  C. 研究者   D. 管理者

6. 以下关于社会工作和社会工作领域的说法，正确的是（　　）。

  A. 心理健康服务就是临床心理治疗

  B. 医务社会工作就是在医院开展的志愿服务

  C. 协助农民增加收入是农村社会工作的内容

  D. 制定薪酬标准是企业社会工作的内容

7. 以下说法符合我国社会工作专业价值观的是（　　）。

  A. 以政府为中心，回应社会需要 B. 平等待人，注重民主参与

  C. 权利与义务并重   D. 个别化和评判

8. 以下关于社会工作价值观作用的说法，正确的是（　　）。

  A. 社会工作价值观有助于社会工作者维护社会公正

  B. 社会工作价值观可维护社会工作服务机构的利益

  C. 社会工作价值观要求社会工作者满足服务对象愿望

  D. 社会工作价值观促进社会工作者更好维护自身权益

9. 小吴因受到朋友的不良影响而吸食毒品，妻子知道后打算与他离婚，小吴感到非常沮丧，对生活失去了信心。社区居委会将小吴转介到社会工作服务机构。社会工作者小王虽不认同小吴的吸毒行为，但仍认真为其提供服务。小王的行为体现了社会工作专业价值观的（　　）原则。

  A. 个别化   B. 接纳

C. 同理心 D. 自决

10. 某养老机构的社会工作者小冯计划组织院内老年人开展重阳节活动。在征求活动方案意见时，自理区的老年人提出想去大礼堂开联欢会，失能区的老年人则希望在居室参加活动，根据不同老年人的需要，小冯设计了不同的活动方案。上述小冯的做法，体现了伦理处理的（　　）原则。

A. 保护生命 B. 最小伤害
C. 差别平等 D. 真诚坦率

11. 小毅近期刚从社会工作服务机构的青少年服务部调入老年服务部，机构派来一位有经验的社会工作者与他一同探访社区独居老人。一次，在如何处理老人隐私问题上，两人产生分歧，最后机构负责人支持了同事的做法，小毅心中感到很失落。此时，小毅正确的做法是（　　）。

A. 尊重同事的处理方法，以建设性的态度与同事沟通
B. 尊重同事的处理方法，不再对服务中的任何问题提出建议
C. 不满意同事的做法，继续建议机构采纳自己的做法
D. 不满意同事的做法，向机构提出重回青少年服务部工作

12. 在一个提升社区居民心理健康的教育小组中，组员老杜分享自己通过学习心理健康知识，改变了对心理疾病患者的负面看法，从之前的害怕到现在逐渐理解他们的处境。社会工作者听完老杜的分享后说："刚才老杜提到，对心理疾病患者的偏见减少了，其他人对这个问题是怎么看的呢？"社会工作者的上述提问类型是（　　）。

A. 重新定向型 B. 封闭式
C. 反馈阐述型 D. 深究回答型

13. 佳佳的身高体重明显低于同龄人，每天到幼儿园都会哭闹，不与小朋友一起玩，吃饭或排队时到处乱跑，玩游戏时无法集中注意力。幼儿园老师向社会工作者小吴咨询如何处理，小吴的建议是让佳佳妈妈带孩子去检查一下发育状况，其判断佳佳行为的标准是（　　）。

A. 个人主观体验 B. 行为适应性标准
C. 社会规范与价值标准 D. 统计学标准

14. 近期，因电动车电池老化引发的火灾事件频发，某社区为此制定了居民公约，倡议居民把电动车停放到规定的场所，大部分居民积极响应，电动车上楼现象得到有效治理。上述做法，体现了社区对居民行为的主要影响是（　　）。

A. 社区居民具有共同的利益诉求 B. 社区居民对社区具有归属感
C. 社区居民受到社区规范的约束 D. 社区居民对社区具有认同感

15. 以下关于阿尔德弗尔ERG理论的说法，正确的是（　　）。

A. 人的需要可分为生活的需要、安全的需要和成长的需要
B. 需要在一定时间内对行为起作用，但不强调其层次顺序
C. 只有低层次的需要满足后，才会追求更高层次的需要
D. 某种需要在得到基本满足后，其强烈程度会降低

16. 现代社会，人们的风险意识越来越强，除有社会保险外，不少人还会选择购买商业保险，这属于（　　）需要。
    A. 精神　　　　　　　　　　　　B. 社会性
    C. 生存性　　　　　　　　　　　D. 发展性

17. 6岁的小丽对妈妈说："妈妈，你每天接送我上下学，还给我买好多好吃的，我奖励你一个小贴画。"说完，就将一个星星形状的贴画粘贴在了妈妈的衣服上。根据皮亚杰的认知发展阶段论，小丽正处在（　　）阶段。
    A. 感知运算　　　　　　　　　　B. 前运算
    C. 具体运算　　　　　　　　　　D. 形式运算

18. 以下关于精神分析理论的说法，正确的是（　　）。
    A. 治疗师应遵循普遍化原则
    B. 与本我、自我相比，超我遵循现实原则
    C. 人的内心冲突可能与早期生活经历有关
    D. 治疗师应帮助服务对象改变错误的认知

19. 学校社会工作者岑老师对本校学生的心理健康状况进行调查，发现存在心理困扰的学生大多缺失家庭监护，学习也有困难，甚至出现沉迷网络游戏、逃学等行为。岑老师运用生态系统理论为这些学生设计服务方案。下列服务中，最能体现生态系统理论特点的是（　　）。
    A. 对心理问题较为严重的学生进行个案辅导
    B. 为存在学习困难的学生链接志愿服务资源
    C. 为出现网瘾问题的学生开设行为治疗小组
    D. 对出现逃学行为的学生及时进行批评教育

20. 服务对象小唐是家庭暴力的受害者，她想离婚，但又担心离婚对孩子有影响。社会工作者小宋首先肯定了小唐有选择自己生活道路的自由，并协助小唐分析不同选择分别会给她和孩子带来怎样的影响，鼓励小唐按自己的选择去行动并承担相应的责任。小宋这一做法的理论依据是（　　）。
    A. 精神分析理论　　　　　　　　B. 认知行为理论
    C. 存在主义理论　　　　　　　　D. 增强权能理论

21. 阿娇2个月后要参加司法考试，因为忙于琐事而深感复习不够充分，于是她主动找社会工作者小明帮忙。小明协助阿娇制订了合理的复习计划，并给予了阿娇很多关于备考的合理化建议，鼓励她专心备考。小明采取的个案工作模式是（　　）。
    A. 心理社会治疗模式　　　　　　B. 结构式家庭治疗模式
    C. 任务中心模式　　　　　　　　D. 人本治疗模式

22. 以下关于个案管理实施原则的说法，正确的是（　　）。
    A. 个案管理者与服务对象共同决定服务计划
    B. 个案管理者的服务评估是指需求评估
    C. 个案管理者的重要能力是指决策能力

D. 个案管理者运用的资源仅来自政府机构

23. 王奶奶平时与邻里很少来往，独自照顾生活不能自理的老伴，经济负担较重。居委会工作人员协助王奶奶夫妇申请办理了社会救助，并将其转介给社会工作者。通过一段时间的服务，王奶奶有了较大变化，有困难时会主动向居委会求助，有事外出时会请邻居帮忙照看老伴。上述社会工作服务及其成效，体现出的个案工作本质是（   ）。

  A. 服务对象能够发掘和运用周围资源

  B. 服务对象能够充分发挥自己的潜能

  C. 服务对象具有预防问题发生的能力

  D. 服务对象能够与周围环境相互促进

24. 某儿童服务机构的社会工作者小梁接到一位居民的电话，反映其邻居家的12岁男孩小魏时常被父亲打骂。小梁通过入户访问和评估，决定为小魏一家提供服务。在预估与问题分析阶段，小梁首先要做的是（   ）。

  A. 预判小魏家的问题及其成因 B. 收集小魏家及其所处环境资料

  C. 与小魏家签订正式服务协议 D. 将小魏一家转介给家庭治疗师

25. 服务对象："我读书的时候还是很吃力的，每次考得不好，母亲对我总是很严苛，经常不让我吃饭，不过学校外面的小卖铺有很多小零食，和小伙伴一起玩还是特别开心的……"

  社会工作者："刚才你谈了很多童年的往事，接下来我们再多谈一谈你和你母亲的关系吧。"

  上述对话中，社会工作者采用的技巧是（   ）。

  A. 建议   B. 澄清

  C. 对焦   D. 专注

26. "服务对象说话的时候，大部分时间是有气无力的、基本没有什么面部表情、反应比较迟钝。"这是社会工作者对服务对象的（   ）。

  A. 事实描述   B. 心理描述

  C. 推断描述   D. 表情描述

27. 小强上初中的时候，被父母从乡下爷爷家接到城里读书。尽管他很用功，但是学习成绩一直不好，对此父母对他的管教很严厉，有时候甚至会打骂他，他从开朗逐渐变得沉默寡言。当被问到对父母的责打的态度时，小强回答说因为自己学习成绩不好，父母打骂是应该的。社会工作者应该采取（   ）帮助小强。

  A. 认知行为治疗模式   B. 心理社会治疗模式

  C. 理性情绪治疗模式   D. 危机介入治疗模式

28. 某社区开展青少年脑力激荡集训营，在一次小组讨论中，针对愚公应该移山还是搬家这个议题，组员小小和小天发生了激烈的争执。此时，社会工作者最恰当的做法是（   ）。

  A. 社会工作者转移小组组员的注意力

  B. 让小小和小天自行解决他们的矛盾

C. 重新建立小组规范
D. 鼓励组员将新知识转变成行动

29. 社会工作者组织社区中一批糖尿病患者定期聚在一起讨论，分享各自与疾病抗争的经验和感受，交流健康保健知识，互相鼓励，并为他们在社区服务中心联系了一个固定的活动场所，方便他们定期聚会。这种聚会形式属于（   ）。
    A. 成长小组   B. 支持小组
    C. 治疗小组   D. 教育小组

30. 基于人与环境和人际关系而建立的一种小组模式，旨在通过组员之间、组员与小组及社会环境之间、小组与社会环境之间的互动关系，促使组员在小组这个共同体的相互依存中得到成长，增强组员的社会功能，提升组员的发展能力。这是小组工作的（   ）。
    A. 社会目标模式   B. 治疗模式
    C. 互动模式   D. 发展模式

31. 下列支持小组的做法中，能体现促进组员沟通互动的是（   ）。
    A. 在小组中分享自己的亲身经历   B. 专注地倾听组员的分享
    C. 鼓励组员之间给予适当回馈   D. 非批判性地帮助组员梳理发言

32. 某社区周边有几处野草丛生的空地，堆满了杂物和垃圾，居民要求整治的呼声较高。为此，社会工作者小李邀请物业公司和居民代表进行议事协商，共同设计了空地整治和美化方案，并动员居民一起参与杂物清理、花草种植和后期认养，以及花园维护制度建设。从地区发展模式的角度看，小李在上述工作过程中所扮演的角色是（   ）。
    A. 顾问   B. 协调者
    C. 技术专家   D. 方案实施者

33. 以下关于社区工作中社会策划模式的说法，正确的是（   ）。
    A. 社会工作者是制定方案和采取行动的专家
    B. 社会工作者是制定方案和采取行动的辅助人员
    C. 居民是制定方案和采取行动的专家
    D. 居民骨干是制定方案和采取行动的专家

34. 社会工作者小群在工作中，从来不居高临下地指挥、命令居民为自己所认定的目标而努力，而是尽自己最大努力让居民明白具体情况，与居民一起讨论和互相交换意见，使居民对事情有客观的了解，并让居民作出合乎自己愿望的决定。小群的上述做法属于（   ）。
    A. 社区自决   B. 社区监督
    C. 社区控制   D. 社区计划

35. 社会工作者小蔡开设了"勇往职前"残障人士就业辅导小组。在引导组员分享就业意愿时，组员老钱认为自己只能做些简单的工作，赚不了什么钱，还会被他人歧视，因此不想就业，其他组员也纷纷附和。为此，小蔡对组员固有的就业观念提出质疑，带领组员识别自身优势与潜能。上述小蔡的做法，体现出对小组整体的介入技巧是（   ）。
    A. 改变小组文化   B. 改变沟通和互动模式

C. 利用整合动力　　　　　　　　D. 吸引其他组员的关注

36. 某社区内既有居民住房也有门店商铺，人流密集，业态丰富。居民经常反映商户经营扰民，商户则认为居民不通人情，社区矛盾突出。社区党组织根据该社区的特点，积极探索建立"党建引领，多方参与，共治共享"的"居商联盟"治理体系。下列社会工作者的做法中，最能体现地区发展模式实施特点的是（　　）。

　　A. 举办座谈会，促进居商沟通，提升互谅共融意识
　　B. 组织网格员，定期开展巡查，摸排门店安全隐患
　　C. 联系消防站，组织灭火演练，提高门店应急能力
　　D. 召开议事会，讨论居民公约，培养居民契约精神

37. 社会工作者小陈负责社区多个志愿者团体的发展工作。最近，便民志愿服务队的几名队员在和小陈聊天时提到队员们由于平时轮流值班，基本上互相见不到面。此时，小陈合适的做法是（　　）。

　　A. 鼓励队员更多地与居民接触
　　B. 考虑定期召集队员开展联谊活动
　　C. 培养队员独立解决问题的能力
　　D. 为队员提供均等发挥领导才能的机会

38. 某社会工作服务机构的工作量标准由社会工作者、督导、机构主管共同讨论制定，已执行了3年，但机构新进的社会工作者小刘觉得个案服务的工作量标准过高，向机构主管老王提意见。此时，老王最适宜的做法是（　　）。

　　A. 了解小刘的想法，向小刘解释标准制定原则
　　B. 要求小刘按照机构标准完成相应服务
　　C. 尊重小刘，让他去修订工作量标准
　　D. 外请专家探讨标准修订方案

39. 某社会工作服务机构近年来致力于外来务工青年的职业生涯发展服务。在上年度的项目总结报告中，有如下表述："超过70%参与项目的外来务工青年在职业理想觉察意识、职业认知程度、当下生活处境认知、未来职业发展动力等方面有明显改善。"这体现了该机构对此项目的（　　）。

　　A. 全程管理　　　　　　　　　B. 过程评估
　　C. 效果评估　　　　　　　　　D. 总结反思

40. 同心童梦儿童发展中心是一家致力于儿童保护的社会工作机构，该机构独立内设一个研究部门，作为领导的参谋。该家机构的组织结构类型属于（　　）。

　　A. 直线参谋式　　　　　　　　B. 直线式
　　C. 职能式　　　　　　　　　　D. 事业部式

41. 随着共建共治共享的社会治理格局的推进，我国社会福利行政体系形成了鲜明的时代特点，其主要表现为（　　）。

　　A. 依据层级权利关系贯彻社会政策
　　B. 政府成为推动社会政策的主体力量

C. 政府与社会合作的社会福利行政模式

D. 以公益慈善为主的社会福利行政模式

42. 某社区青少年服务中心拟在暑假期间举办一系列活动，需要招募20名志愿者。在实施招募的过程中，若采用授予权力的方式，则中心主任适当的做法是（   ）。

  A. 指派工作人员制订招募计划   B. 指派工作人员审核报名者名单

  C. 指派工作人员通知报名者面试   D. 指派工作人员决定录用名单

43. 作为社会工作服务机构的领导者，应该运用多种方式，因人而异地对员工进行激励。对于具有高度自主性和能力强的员工，最恰当的激励方法是（   ）。

  A. 调整工作权责，提高其工作动力   B. 转换工作岗位，提升其工作兴趣

  C. 扩展工作内容，降低其工作倦怠   D. 减少工作任务，增加其工作弹性

44. 社会工作者小李发现社区内个别家庭存在虐待老年人的现象。针对该问题，小李要制定一个合理有效的服务方案。他首先确定要解决的全面性问题，其次列明这个问题具有的"明确问题"，最后逐一列明造成这些问题的原因。小李所采用的方法是（   ）。

  A. 分支法   B. 问题认识工作表法

  C. 分层法   D. 问题认识工作图法

45. 以下关于加强志愿者管理的说法，正确的是（   ）。

  A. 志愿者的热情不能持久，需要依据正式岗位要求加强管理

  B. 志愿者服务呈现集体性特征，参加大型活动时需加以约束

  C. 志愿者既注重奉献自我，也注重自我在服务中的收获

  D. 志愿者具有很强的自发性，应尽可能让其自由发挥

46. 某青少年社会工作服务机构，根据本区青少年发展需求制定了一项五年规划。在制定规划的过程中，经该机构中高层管理者共同研究分析，拟定了基本的工作方针，并进行了相应的工作部署。该机构中高层管理者所完成的规划内容属于（   ）。

  A. 使命宣言   B. 策略性计划

  C. 行动方案   D. 运作性计划

47. 社会工作服务机构筹资时非常重视企业捐赠的动机。以下企业捐赠动机中，属于"公共关系"的是（   ）。

  A. 争取新客户   B. 体现社会责任

  C. 合理避税   D. 造福员工

48. 某社区养老服务中心由10名专业社会工作者和2名护士组成。中心负责人老李为更好地管理中心事务，采用民主型的领导方式。老李的下列做法中，最能体现其领导方式的是（   ）。

  A. 凭借个人的威信建议下属灵活选择工作程序和方法

  B. 凭借个人的权力指挥下属安排好工作程序和方法

  C. 运用工作职权要求下属执行既定的工作程序和方法

  D. 放弃工作职权让下属自行安排工作程序和方法

49. 近年来，媒体屡屡报道社会组织的负面消息，社会组织有必要开展多元交代以及

提升自身的公信力。以下能够作为社会组织公信力评估指标的是（　　）。

  A. 资金的合理使用和运作　　　　B. 机构督导体系的搭建

  C. 机构员工数量　　　　　　　　D. 机构的长期规划

50. "阳光助学基金"的资金来源于本社区单位、企业和个人的捐赠，指定用于协助本社区的辍学青少年掌握一技之长。为促进组织发展，该基金计划采取一系列措施，其中会损害组织公信力的是（　　）。

  A. 每年度向捐赠人报告捐款的使用情况

  B. 定期公开服务内容和服务对象的满意度

  C. 组织工作人员培训以提高服务的专业化水平

  D. 将其他社区有同样需要的青少年纳入进来，以拓展服务

51. 在提供服务的过程中，有些志愿者会出现迟到、服务不达标等情况。面对工作表现不佳的志愿者，领导者恰当的做法是（　　）。

  A. 及时指出问题，给予建设性意见

  B. 接受服务对象的建议，终止志愿服务

  C. 根据志愿者管理办法，扣发津贴

  D. 基于志愿者的无私奉献，不予惩处

52. 社会工作者小吴在如何与智力障碍儿童沟通方面存在困惑，向督导者老夏求助。老夏结合实际案例，向小吴讲解了听力障碍儿童及其家庭的特点，示范了与听力障碍儿童沟通的技巧。老夏的做法属于（　　）。

  A. 行政性督导　　　　　　　　　B. 支持性督导

  C. 教育性督导　　　　　　　　　D. 发展性督导

53. 社会工作者小李从青少年服务组调入禁毒服务组。在一次督导会上，小李表示自己对这项服务非常陌生，不知道该如何开展工作。针对这种情况，督导应先向小李（　　）。

  A. 传授与戒毒者建立关系的技巧　　B. 介绍戒毒服务项目的资源状况

  C. 强调开展戒毒服务的必要性　　　D. 介绍戒毒者的心理和社交特点

54. 在四种督导类型中，强调特殊议题且更注重督导者责任的督导形式是（　　）。

  A. 联合式督导　　　　　　　　　B. 训练式督导

  C. 管理式督导　　　　　　　　　D. 发展式督导

55. 机构督导小陈为了协助社会工作者小成探索其工作中遇到的关键性问题并加以引导，拟采用"开展话题"技巧。对此，小陈应（　　）。

  A. 耐心地了解和关心小成的处境，共同面对小成在工作中遇到的问题

  B. 由常见事例谈起并逐步发展到特殊问题，用适当的提问来确定小成最关注的事件

  C. 对小成的处境给予回应，感同身受地表示对小成处境的理解

  D. 总结督导会谈中讨论过的事项，鼓励小成将讨论中的收获作为工作指引

56. 针对某省近年存在的失业问题，社会工作研究者发现，失业问题一部分原因在于

个人的劳动技能不足，求职表现不佳；另一部分源于本省就业岗位不足，两者共同造成就业压力过大的问题。针对这些原因，社会工作研究者建议通过协助个人提高劳动技能、改变求职技巧，开发新就业岗位，协助失业者更好地认清形势并积极行动等方式解决失业问题。这体现了社会工作研究的（　　）目的。

  A. 改善社会工作实践   B. 提升社会工作理论

  C. 推进福利正义   D. 治疗和预防社会问题

57. 以下关于社会工作研究的说法，正确的是（　　）。

  A. 社会工作研究的核心对象是困难群体的问题或需求

  B. 社会工作研究者必须是实务工作者

  C. 个案研究方法是社会工作研究的特有方法

  D. 社会工作研究的成果必须能直接指导社会工作

58. 社会工作者小齐计划采用个案研究方法，对辖区内的空巢老人进行居家养老服务需求研究。从该研究方法的特点看，此项研究的结果可以（　　）。

  A. 获得空巢老人居家养老服务需求的精确数据

  B. 分析辖区内空巢老人人口规模的变化趋势

  C. 发现空巢老人居家养老服务缺失的原因

  D. 推测全市空巢老人居家养老服务需求

59. 社会工作者小王准备对失业者开展小组工作，她将20名失业者分为两组并采用自信量表做测量工具。前测显示，A组和B组的平均得分分别是1.5分和1.6分。小王对A组开展小组工作，B组不安排任何活动。后测发现，A组和B组的平均得分分别是3.7分和1.9分。根据前后测控制组设计原理，这次小组工作的净效果是（　　）分。

  A. 2.5   B. 2.2

  C. 1.9   D. 1.8

60. 某儿童服务机构为调查农村留守儿童的社会适应状况，用问卷调查的方式大规模地收集资料。以下关于保证调查质量的说法，正确的是（　　）。

  A. 调查员在全部调查结束后统一核查问卷

  B. 调查员发现可疑问卷时进行深度访问

  C. 调查员在指定时段将回收的问卷交给调查督导员

  D. 调查员可根据访问对象的情况灵活调整问卷的内容

二、多项选择题（共20题，每题2分。每题的备选项中，有2个或2个以上符合题意，至少有1个错项。错选，本题不得分；少选，所选的每个选项得0.5分）

61. 某社会工作服务机构副总干事大宋是青少年服务项目的主管，他引导家长成立了互助小组，并为他们提供培训和咨询。大宋还经常撰写专业文章，将自己的工作方法和专业反思予以提炼和总结。大宋的这些做法，体现了社会工作者的（　　）角色。

  A. 资源筹措者   B. 政策影响者

C. 服务提供者 　　　　　　D. 支持者

E. 研究者

62. 社会工作者小杜发现某社区内有数名单亲妈妈，她们既要工作又要照顾孩子，常常顾此失彼，工作、生活、心理压力都很大。这些单亲妈妈总感到离婚是"丢人"的，很少与别人交流。小杜计划运用小组工作的方法为她们提供服务，改变她们认为离婚"丢人"的想法，同时对她们进行减压训练。以下关于社会工作要素的说法，正确的有（　　）。

A. 小杜的服务对象是该社区内的单亲妈妈

B. 小杜的服务是以单亲妈妈为主导设计和实施的

C. 小杜提供服务的过程是与单亲妈妈互动的过程

D. 小杜应运用专业方法来处理单亲妈妈的问题

E. 小杜是为单亲妈妈提供服务的行动主体

63. 小刚告诉社会工作者小王，因与同学打架，学校打算处分他，小王耐心地倾听了事情的经过。为了全面了解情况，在获得小刚同意后，小王与其班主任进行了沟通。上述小王的做法，体现了社会工作价值观的（　　）原则。

A. 接纳 　　　　　　　　　B. 保密

C. 尊重 　　　　　　　　　D. 知情同意

E. 服务对象自决

64. 社会工作者小赵负责对申请入住养老院的老年人进行评估，以确定申请者是否具备入住资格。一天，小赵的父亲打电话让他特别关照一下自己的战友老李，希望能够早日安排老李入住。针对这种情况，小赵正确的做法有（　　）。

A. 通过评估，同等条件下优先安排父亲的老战友

B. 向养老院申请回避参与对老李的评估

C. 如实告知父亲自己的工作职责

D. 当作没这回事，不做任何反应

E. 劝老李入住其他养老院

65. 程奶奶已经70多岁了，6年前丈夫去世后，一直独自居住。程奶奶患有白内障，视力很差，平时都是儿子、儿媳来给她做饭。最近儿子搬进新房子，把程奶奶也接了过去。看着刚装修好的新房，程奶奶哪里都不敢动，经常让儿媳送她回老房子洗澡，最终程奶奶还是搬回了老房子。从人类行为与社会环境的角度看，以下说法中正确的有（　　）。

A. 程奶奶的日常生活需要别人照顾　　B. 程奶奶的思维呈衰退趋势

C. 程奶奶习惯了自己的居住环境　　　D. 程奶奶排斥陌生环境

E. 程奶奶面临亲密与孤独的冲突

66. 朱女士与冯先生育有一双儿女，儿子康康上小学，女儿妞妞上幼儿园。夫妻俩因工作繁忙，无法顾及家庭，只能与冯先生的父母一起居住，共同照顾孩子。朱女士与公婆在教养孩子方面的理念和方法差异较大，婆媳经常发生争吵，严重时甚至恶语相向。最近半年，康康的学习成绩明显下降，变得沉默寡言，冯先生寻求社会工作者老袁的帮助。在

预估阶段，老袁需要对冯先生家庭问题进行分析，其内容应该包括（　　）。

  A. 冯先生家庭问题的干预建议

  B. 冯先生家庭成员的能力和拥有资源

  C. 冯先生家庭问题的主要表现

  D. 冯先生家庭服务策略中的理论依据

  E. 冯先生家庭问题的主要成因

67. 结构式家庭治疗模式以家庭为治疗对象，其主要特点有（　　）。

  A. 关注家庭的适应与转变能力

  B. 关注家庭自身发展变化的历程

  C. 强调家庭功能的恢复

  D. 关注家庭成员在处理困难时采用的方式

  E. 关注对家庭成员过往经验的梳理

68. 危机介入模式是围绕服务对象的危机而展开的服务。以下关于危机介入模式特点的说法，正确的有（　　）。

  A. 社会工作者应引导服务对象回忆童年的生活经历

  B. 社会工作者要快速做出危险性判断

  C. 社会工作者协助服务对象改变不当的自我概念

  D. 社会工作者要有效稳定服务对象的情绪

  E. 社会工作者协助服务对象解决当前的问题

69. 社会工作者小陈近期针对社区离异女性开展支持小组活动。她在调研中发现，这些女性在离婚后经济收入下降，生活困难增多，亲子关系也出现了一些问题。根据支持小组的特点，小陈应将小组活动的重点放在（　　）。

  A. 学习应对婚姻变化的方法　　B. 分享各自经验以协助解决问题

  C. 协助建立新家庭　　D. 建立起能够互相理解的共同体

  E. 传授亲子沟通技巧

70. 安排和设计小组活动是小组工作的一个重要环节，社会工作者根据报名对象的年龄、性别、教育背景、职业等特点，设计具有针对性的活动。在小组工作的开始阶段，社会工作者设计活动的重点是引导组员（　　）。

  A. 相互介绍　　B. 学会容忍

  C. 换位思考　　D. 消除紧张情绪

  E. 加强对小组整体目标的认识

71. 小王："不知道为什么，对我来说，英语这么难学，四级我都考了3次，每次都差那么一点点，我觉得自己真没用！"

社会工作者："小王，我理解你的感受，多次四级考试的失败对你打击很大。但不止你一个人，小李和小张都有过同样的经历和感受，记得我在读大学时也碰到过类似的困境。"

小王："哦，我以为只有我才这么倒霉呢！可是我明年就要毕业了，没有这个证书，肯定影响我找工作。"

社会工作者:"小张,我记得你说你也碰到过这样的困境,当时你是怎么应对的呢?"

上述对话中,体现的小组工作技巧有(　　)。

A. 限制
B. 促进组员相互回馈
C. 自我表露
D. 摘述
E. 积极回应

72. 社会工作者小梅走访五保户王爷爷家,通过观察屋子里的环境布置,包括桌椅摆放等评估了王爷爷家的安全状况,又查看了王爷爷的健康档案。小梅运用的收集资料方法包括(　　)。

A. 对答方式
B. 结构化调查表
C. 参与式观察
D. 实物
E. 文献记录

73. 以下关于社会工作者督导志愿者工作态度的说法,正确的有(　　)。

A. 把志愿者当成与机构共同工作的伙伴
B. 把志愿者当成被教育的对象
C. 把志愿者作为机构应提供服务的对象
D. 对志愿者应当严慈相济
E. 志愿者应当服从机构安排

74. 社会工作者老王担任某乡社工站站长,带领新入职的驻站社会工作者开展工作。为了与他们建立良好的关系,促进团队合作,老王可以组织开展的工作有(　　)。

A. 带领大家探讨实现社工站服务目标的途径
B. 推动大家建立并认真落实社工站工作准则
C. 调整同事之间合作不畅的社会工作者岗位
D. 劝告主管部门勿更改社工站既定工作计划
E. 协助大家理解社工站与机构和乡镇的关系

75. 社会工作者小王针对部分社区居民乱丢垃圾、乱堆杂物等不文明行为,拟推动成立"社区文明行为劝导队"。小王和劝导队核心成员一起策划工作方案,可以采取的策略规划方法有(　　)。

A. 德尔菲法
B. 头脑风暴法
C. 关键人物访问法
D. SWOT 分析法
E. 胜任力模型分析法

76. 社会工作者小刘在养老院工作 5 年后,出现工作倦怠、工作主动性降低的情况。负责人发现小刘的问题后,宜采取的激励措施有(　　)。

A. 提供更多的休假机会
B. 重申机构纪律
C. 帮助小刘制定职业生涯规划
D. 轮换工作岗位
E. 提供机会让小刘参与机构的决策

77. 以下关于社会服务机构运作功能性环节的说法,错误的有(　　)。

A. 授权可以推动各部门和员工步调一致，实现分工合作

B. 授权的目的是让社会服务机构发挥最大效率，但是无助于提高下属或员工的满意度

C. 沟通包括上情下达、下情上达、与同事协调、向公众交代等

D. 控制系统包括控制目标体系、控制主体、控制的对象、控制的方法和手段

E. 程序性协调是在服务进行中开展的，工作性协调是在服务开始前

78. 一线社会工作者经常承受各种压力，导致紧张和焦虑，社会工作督导可以通过教育性督导缓解社会工作者的压力，具体做法有（　　）。

A. 协助被督导者发现工作成效，并自我欣赏

B. 引导被督导者学习压力发现方法，预防职业倦怠

C. 强化被督导者处理冲突、自我肯定表达等技巧的训练

D. 激发被督导者工作士气，并对机构产生认同感

E. 指导被督导者综合考虑重要性和紧迫性因素，排列服务的优先次序

79. 督导老邱正在为机构新入职的8名社会工作者进行团体督导，增进他们对机构、同事、工作内容的了解，并帮助他们融入团队。老邱在团体督导会议主持中，一般可以采用的技巧有（　　）。

A. 倾听团体成员的表达，把握重点

B. 在讨论的每个段落结束时，总结并形成结论

C. 直接向团体成员说明和修正共同出现的错误

D. 在最方便时组织和安排督导会议

E. 联结不同观点，并进行比较分析

80. 研究人员经常使用调查问卷来收集资料。一般来说，调查问卷的内容应当包括（　　）。

A. 抽样方案和编码　　　　　　B. 封面信和指导语

C. 问题和答案　　　　　　　　D. 标题

E. 访问员和被访问员签名

考前冲刺试卷（四）

一、单项选择题（共60题，每题1分。每题的备选项中，只有1个最符合题意）

1. 社会工作者在社区开展了"智慧助老"服务，邀请辖区内高校的大学生志愿者为老年人培训如何充分使用智能手机，讲解网约车、互联网医院和网上购物等手机软件操作方法。上述服务，体现了社会工作在服务对象层面的目标是（　　）。

A. 促进发展　　　　　　　　　B. 促进社会公正

C. 解救危难　　　　　　　　　D. 促进社会团结

2. 社会工作者小吉围绕"老年友好社区"建设目标开展系列服务。从担任资源筹措者角色的角度看，小吉应开展的工作是（   ）。

   A. 撰写社区无障碍设施配套状况调查报告

   B. 协助居委会联合企业改造老年活动中心

   C. 开展丰富多彩的社区老人兴趣小组活动

   D. 组织开展"老年人权益保护"宣传活动

3. 某社会工作服务机构在开展服务项目的同时非常重视研究工作。根据社会工作研究的间接功能，下列做法中，有助于社会服务机构实现自身增能的是（   ）。

   A. 走访流动儿童的家庭，撰写需求评估报告

   B. 梳理长期照护险制度，提出相关政策建议

   C. 评估青少年历奇小组的服务成效，提炼经验和反思不足

   D. 撰写微信公众号文章，介绍家庭环境对孩子成长的影响

4. 社会工作者小李的工作内容是为愿意接受社区矫正的青少年提供心理疏导、职业技术培训、联系企业安排实习岗位等服务；协助服务对象恢复社会功能，以达到预防再次犯罪、稳定社会秩序的目标。小李的服务领域主要是（   ）。

   A. 司法社会工作   B. 社会救助社会工作

   C. 学校社会工作   D. 企业社会工作

5. 陈老师所在的社会工作服务机构录用了一批社会工作专业应届毕业生。作为他们的督导，陈老师在第一个月里安排他们观察和学习其他同事是如何开展服务的。该做法是为了让新入职的社会工作者学习和补充（   ）。

   A. 学科知识   B. 政策知识

   C. 技术知识   D. 文化知识

6. 在新建社区中，社会工作者组织多种社区活动、建立社区互助平台、梳理并链接社区内外资源。上述社会工作者的做法，主要体现的社会工作功能是（   ）。

   A. 建构社会资本   B. 促进社会和谐

   C. 推动社会进步   D. 维持社会秩序

7. 以下关于社会工作价值观的说法，正确的是（   ）。

   A. 社会工作者可以在机构内外对机构政策进行宣传和评价

   B. 社会工作者应发挥自身的专业优势代替服务对象进行决策

   C. 社会工作者在任何情况下都不得向第三方透露服务对象的隐私

   D. 社会工作者应将服务对象视为与自己一样的、有价值的人

8. 社会工作者小黄在暑期为社区流动儿童开设了"友乐童行"小组。组员小军的父母得知小黄和自己是同乡，特地送来水果，希望小黄多关照小军，多给他表现的机会。此时，社会工作者面临的伦理难题是（   ）。

   A. 双重关系   B. 知情同意

   C. 多元文化   D. 专业能力

9. 最近，随迁老人王爷爷被确诊为癌症晚期，医生将其转介给医务社会工作者小杨。

看着自己病情一天天恶化，王爷爷向小杨提出想要回到老家休养，王爷爷的儿子却坚持要让父亲留下来接受治疗，并让小杨帮助劝说王爷爷听从自己的建议。此时，小杨的社会工作专业伦理是（　　）。

  A. 注重双重关系   B. 专业能力
  C. 知情同意   D. 服务对象自决

10. 老张和小李均是部队待移交政府安置的伤残军人。老张已婚，肢体残疾二级，靠轮椅行走；小李未婚，患重度精神障碍，无行为能力，其母为监护人。社会工作者协助部队将他们移交给政府安置。下列能够体现社会工作价值观操作原则的是（　　）。

  A. 老张有权对移交安置事项充分知情
  B. 老张的妻子可代替老张做相关决策
  C. 社会工作者可代替小李做相关决策
  D. 小李在事关自身利益的决策中起主导作用

11. 丧偶多年的康奶奶一直独自居住，半年前入住养老机构，认识了同样单身的陈爷爷，两人一见如故，交往半年后决定结婚，但遭到康奶奶儿女的反对。康奶奶为此情绪消沉，陈爷爷很是着急，便向社会工作者小王求助。小王为康奶奶制定了个案服务方案，又向康奶奶的儿女了解反对的原因，通过沟通取得他们对康奶奶的理解。从社会工作专业伦理的角度看，小王在服务中遵循的是（　　）原则。

  A. 保护生命   B. 差别平等
  C. 最小伤害   D. 生命质量

12. 人类行为的变化既受到人们自身改变的影响，又受到社会生活条件改变的影响，这反映了人类行为的（　　）特征。

  A. 主观性   B. 稳定性
  C. 单一性   D. 整合性

13. 根据埃里克森的人类发展阶段论，个体在成年中期需要处理的冲突是（　　）。

  A. 勤奋还是自卑   B. 亲密还是孤独
  C. 繁殖还是停滞   D. 主动还是内疚

14. 小向是某单位新分配来的大学生，他每天早来晚走，认真完成各项工作，希望得到同事的好评。根据阿尔德弗尔 ERG 理论，小向的做法体现了（　　）的需要。

  A. 关系   B. 生存
  C. 成长   D. 归属与爱

15. 大学生小李经常熬夜玩网络游戏，和宿舍其他同学关系紧张，白天精神恍惚，成绩一落千丈。社会工作者将小李的行为界定为偏差行为，他依据的标准是（　　）。

  A. 统计学标准   B. 价值标准
  C. 行为适应性标准   D. 个体主观体验

16. 小张的父亲在教育他时，常采用以下方式。每当小张表达自己的观点时，父亲就训斥道："不要与大人争辩，我过的桥比你走的路还长，很多事情等你长大了就会明白。"小张考试成绩下降时，父亲就会少给他零用钱。小张父亲的教育方式属于（　　）

A. 权威型 B. 专制型
C. 纵容型 D. 疏离型

17. 大学生小李认为，老年人为社会作出了巨大贡献，虽然扶起跌倒的老年人可能会被冤枉，但从尊重和爱护老年人的角度考虑，应该把老年人扶起来，而不应漠然置之。根据科尔伯格道德发展阶段理论，小李的道德水平处于（　　）。

　　A. 寻求认可定向阶段 B. 遵守法规和秩序定向阶段
　　C. 社会契约定向阶段 D. 普遍性伦理准则阶段

18. 刘女士最近与男朋友关系不和，情绪低落，影响了工作和生活，因而向社会工作者小林求助。但最近的两次面谈，刘女士都失约了，小林问及失约的原因，刘女士说："我也不知道怎么就忘记了，我这两次都是提醒过自己的，但每次见你之前，我都跟我男朋友打电话，然后我们就在电话中吵了起来，他最近对我很冷漠，我就赌气地跟他说我们没法儿继续了。"小林说："你最近对男朋友有很多不满，我也在帮你分析这是怎么回事，咱们一直在尝试找出你忘记面谈的原因，你每次都说起男朋友，说他如何如何不好，觉得自己早该跟他分手，我想这是不是就是你忘记来见我的原因呢？"根据精神分析理论，小林的回应采用的技巧是（　　）。

　　A. 治疗情境 B. 治疗关系
　　C. 自由联想 D. 诠释过程

19. 赵大姐的丈夫去世后，留下一对双胞胎儿子和几十万元的债务。在与社会工作者的初次接触中，赵大姐多次强调自己很没用，连孩子的日常生活都照顾不好，感到很愧疚。在深入交谈之后，社会工作者发现，赵大姐当初为了筹钱给丈夫治病曾多方奔走，为了减免医疗费用也和医院进行过多次沟通。根据认知行为理论，赵大姐现在的自我认知主要是由于（　　）造成的。

　　A. 选择性认知 B. 自我防卫
　　C. 自动思维 D. 自我了解

20. 以下关于弗洛伊德的精神分析理论的说法，错误的是（　　）。
　　A. 人格发展分为五个时期，即口唇期、肛门期、性器期、潜伏期和生殖期
　　B. "退行"是指当个人受到挫折或焦虑时，他就会返回到早期发展阶段，出现幼稚行为，如哭泣、抽烟、酗酒等
　　C. 弗洛伊德对意识的论述及重视成年期经验是其主要贡献
　　D. 一个人一旦发生退行现象，他总是倒退到他曾停滞的那个发展阶段

21. 小姚辞去单位工作，自主创业。但由于市场变化，创业遇到很大困难，努力一段时间后也未见好转。此后，小姚一改往日积极负责的态度，整天无精打采，其家人向社会工作者老王求助。老王在介入过程中，积极引导小姚意识到目前的状况是自我选择的结果，并协助她肯定自己的优点，积极面对失败和挫折。老王介入策略的主要理论依据是（　　）。

　　A. 精神分析理论 B. 认知行为理论
　　C. 存在主义理论 D. 增强权能理论

22. 小赵长期遭受家庭暴力，认为自己没本事，只能嫁鸡随鸡，被虐待是自己的命不好。如果依据增强权能理论在个人层面开展服务，社会工作者恰当的做法是（   ）。
    A. 着重从小赵童年时期的经历分析其宿命论的根源
    B. 引导小赵与丈夫一起更好地掌握夫妻良性互动的技巧
    C. 协助小赵消除无力感并相信自己有解决问题的能力
    D. 尊重小赵的看法并引导小赵重新理解过去经历的积极意义

23. 12岁的宁宁因与家长发生冲突而离家出走，一天后家人将其找回，并带她向社会工作者老纪求助。在接案、预估后，老纪制定了完备的服务方案，为宁宁及其家庭开展个案辅导服务。此时，老纪应优先提供的服务是（   ）。
    A. 引导宁宁回顾与家人冲突的过程　　B. 协助宁宁及其家人重温过往亲情
    C. 劝导家人向宁宁承认错误并道歉　　D. 要求家人承诺今后不再责备宁宁

24. 小亮3个月后要参加高考，因为复习时间太短而倍感压力，于是主动向学校社会工作者小王求助。小王与小亮一起制定了系统的复习时间表，并给予小亮积极的鼓励和反馈。小王采取的个案工作模式是（   ）。
    A. 认知行为治疗模式　　　　　　　　B. 理性情绪治疗模式
    C. 任务中心模式　　　　　　　　　　D. 人本治疗模式

25. 小周因患有小儿麻痹症，一直没有找到满意工作，被家里人认为是负担，他也认为自己没有什么用。社会工作者介入之后，协助小周改变心态，激发他的潜能，促使他发生改变。社会工作者采取的个案工作模式是（   ）。
    A. 认知行为治疗模式　　　　　　　　B. 任务中心模式
    C. 家庭治疗模式　　　　　　　　　　D. 人本治疗模式

26. 大学生小林很少在人多的场合说话，他觉得自己讲得不好，别人会取笑他，因此每次上课他都坐在后面不发言，不得不发言时就会紧张不安。从认知行为治疗模式的角度看，小林的问题源于（   ）。
    A. 认知、行为和情绪三者之间的相互影响
    B. 他幼年时的创伤经历
    C. 他的非理性信念
    D. 朋辈群体和老师

27. 王女士找社会工作者小赵反映，她读初二的儿子沉迷手机游戏，不爱与人交流，希望小赵帮助他。经过预估与问题分析，小赵认为应将此案转介到其他机构。根据上述内容，小赵下一步最适宜的做法是（   ）。
    A. 直接告知王女士本机构不处理青少年网瘾问题
    B. 告知王女士能处理青少年网瘾问题的机构信息
    C. 邀请王女士到机构与其进行详细的预估会谈
    D. 与机构督导商量确定是否拓展相关戒瘾服务

28. 小林因沉迷于网络游戏，影响了与家人和朋友的关系。社会工作者小张探访小林，跟他说自己也曾经迷恋网络游戏，造成颈背疼痛，不得不长期接受物理治疗，幸好得

到家人的帮助和支持，才重新拥有了健康的生活。此外，小张还为小林提供了许多有关网瘾危害的信息资料。小张采用的是（　　）技巧。

A. 影响性　　　　　　　　　　B. 倡导性
C. 引领性　　　　　　　　　　D. 互动性

29. 服务对象妮妮小时候因父母忙于工作，多由爷爷奶奶照顾，与父母不那么亲近。上初中后，妮妮学习成绩下滑严重，经常被父母指责，因此不想回家，总是躲到爷爷奶奶家。根据结构式家庭治理模式，妮妮的家庭结构属于（　　）。

A. 三角缠　　　　　　　　　　B. 纠缠
C. 疏离　　　　　　　　　　　D. 倒三角

30. 初中三年级男生小亮手部皮疹严重，医生诊断为重度神经性皮炎，可能是心理紧张引起的。医生在完成医疗处置后，将小亮转介给医务社会工作者小黄。小黄评估后，决定运用心理社会治疗模式提供服务。他先与小亮妈妈进行交流，分享了自己帮助自己的女儿缓解压力的心得。此时，小黄采用的治疗技巧是（　　）。

A. 直接治疗技巧之非反思性技巧　　B. 直接治疗技巧之反思性技巧
C. 间接治疗技巧之直接影响技巧　　D. 间接治疗技巧之维持性技巧

31. 服务对象："我在和陌生人接触时特别害怕，也不想说话。"

社会工作者："你现在说得就很好啊，主动把自己的感受和想法都表达出来了，这样多练习，时间长了就不害怕了。"

上述社会工作者的回应，运用的技巧是（　　）。

A. 摘要　　　　　　　　　　　B. 澄清
C. 鼓励　　　　　　　　　　　D. 聚焦

32. 张先生经历了工厂火灾事件后，常常从噩梦中惊醒，身心极度紧张。根据危机介入理论，张先生目前面临的是（　　）。

A. 家庭危机　　　　　　　　　B. 普通生活经历的危机
C. 成长危机　　　　　　　　　D. 特殊生活经历的危机

33. 服务对象："我要是考不上研究生，我妈妈会非常不高兴，那真可怕！"

社会工作者："那我们先讨论一下你妈妈不高兴后会怎样。"

服务对象："可能会不理我吧。"

社会工作者："会一直不理你吗？"

服务对象："那倒不会，只是应该不太满意吧。"

社会工作者："你看，你所说的'真可怕'会成为事实吗？"

服务对象："哈哈，也许我把事情夸大了。"

上述对话中，社会工作者使用的是理性情绪治疗模式中的（　　）技巧。

A. 自我表露　　　　　　　　　B. 替代性选择
C. 理性功课　　　　　　　　　D. 去灾难化

34. 社会工作者小张带领的青少年控烟小组已进入结束阶段。为了让组员已经形成的正向改变能够在现实生活中保持下去，下列做法中，适当的是（　　）。

A. 重新制定小组规范　　　　　　B. 协助组员向他人寻求支持
C. 处理组员离别情绪　　　　　　D. 将小组活动继续进行下去

35. 社会工作者小高为社区志愿者开设了一个针对老年人服务的技能训练小组。在一次主题为"老年人在大家心目中的模样"的小组讨论会上，志愿者老赵说："老年人的行为就像小孩，要哄着点儿，有时候不承认自己老了，偏干自己干不了的事。我老伴经常和儿媳妇争吵，有一次儿媳妇买了一件高档羊绒衫，老伴说儿媳妇不会节约。还有一次……"其他组员也纷纷附和。这时，小高最适宜的回应是（　　）。

A. "家里的事儿就不要说了，现在轮到老张发言了。"
B. "老赵您先别说了，我们也请其他组员谈谈想法。"
C. "刚才老赵谈了老年人的一些特点，谁能说说其他特点？"
D. "刚才老赵有点跑题了，现在我们请老张说说您的想法。"

36. 某机构组织了一个针对家政女工的维权小组。在小组活动中，社会工作者设计了一个名为"我和你"的小组活动，让组员找到与自己的年龄、兴趣、家乡等相同的组员，使组员们尽快熟悉起来。同时，社会工作者还设计了几个游戏以促进组员间信任关系的建立。据此判断，目前该小组工作处在（　　）。

A. 准备阶段　　　　　　　　　　B. 开始阶段
C. 转折阶段　　　　　　　　　　D. 成熟阶段

37. 某社区有多名自闭症儿童，社会工作者晓峰针对这些儿童家长开展了如何与自闭症儿童相处的技能培训主题小组活动，传授专业照顾技能。依据社区照顾模式的理念，在这一服务中，社会工作者扮演的角色是（　　）。

A. 治疗者　　　　　　　　　　　B. 使能者
C. 经纪人　　　　　　　　　　　D. 教育者

38. 在社会策划模式中，社会工作者可以采用不同的方法确定社区需要。下列做法中，属于运用社会指标方法来确定需要的是（　　）。

A. 通过量表测量服务对象需要
B. 通过服务对象参与确定需要
C. 通过服务使用者资料评估需要
D. 通过社会或专业认可的数据推断需要

39. 老李因中风被送进医院，经过治疗，留下了行动不便的后遗症。出院后，家人因费用问题无法将他送进专业机构进行康复治疗，于是向社会工作者小张求助。小张立即从社区志愿者资料库中寻找到有护理经验和康复技能的志愿者帮助老李。从社区照顾模式的角度看，小张运用了（　　）的实施策略。

A. 在社区照顾　　　　　　　　　B. 由社区照顾
C. 为社区照顾　　　　　　　　　D. 到社区照顾

40. 与社区照顾模式和地区发展模式相比，社会工作者运用社会策划模式开展社区工作的特点是（　　）。

A. 重视居民中社区领袖的培养　　B. 注重建立社会支持网络

C. 注重社区居民社会行动的参与　　　D. 强调运用理性原则处理问题

41. 社会工作者老杨正在进行"社会工作者专业胜任力"的问卷调查，希望能够建构出社会工作者的专业胜任力指标体系，进而助力社会工作专业人才队伍建设。下列问题和答案中，属于测量行为的是（　　）。

　　A. 您过去半年参加过督导会谈的次数？①0次；②1次；③2次；④3次及以上
　　B. 您是否从事一线社会工作服务？①是；②否
　　C. 您熟悉项目管理吗？①很熟悉；②比较熟悉；③一般；④比较不熟悉；⑤很不熟悉
　　D. 您持有社会工作职业资格证书的情况？①无；②助理社会工作师；③社会工作师；④高级社会工作师

42. 针对社区老年人房产被侵权问题日益增多的状况，社会工作者小王拟推动成立老年人普法自助小组，普及相关法律知识，促进老年人相互交流。在帮助老年人界定小组目标时，小王恰当的做法是（　　）。

　　A. 带领老年人讨论，订立小组目标
　　B. 协助掌握时间，让所有老年人能发言
　　C. 引导老年人讨论，分析小组发展趋势
　　D. 列出并讲解小组目标，帮助老年人理解和认同

43. 社会工作者采用地区发展模式在"村改居"社区开展工作，组织社区中的老年人一起回忆和整理社区历史，并在社区举办主题为"难忘的历程"展览，编排演出反映社区历史和文化的文艺节目，以增强社区中年轻人和外来务工人员对社区的认同感。社会工作者所运用的实施策略是（　　）。

　　A. 回顾反思　　　　　　　　　　B. 社区评估
　　C. 社区教育　　　　　　　　　　D. 发展资源

44. 社区工作者经常需要动员群众参与社区活动，当不知道居民姓名及联络方法的时候，可以采取（　　）方式进行动员。

　　A. 信件　　　　　　　　　　　　B. 家访
　　C. 电话联络　　　　　　　　　　D. 召开居民大会

45. 某社会工作服务机构开展"每天添个菜"项目，计划给贫困地区儿童每天的午餐补贴一个肉菜，目前已有5万多名儿童从该项目中受益。该项目对当地儿童的长效影响是（　　）。

　　A. 机构筹集到更多的款项　　　　B. 让贫困地区儿童每天能吃到肉菜
　　C. 扩大机构在当地的影响力　　　D. 提升贫困地区儿童的健康水平

46. 社会工作者老赵应街道办事处的邀请，督导某居委会的团队建设。老赵在与居委会王主任交谈时了解到，社区网格员与居民打交道过程中，时而会遇到脾气暴躁的居民，稍不如意就吵闹，甚至骂人，令负责接待的社区网格员很委屈，有时会失去耐心，与居民发生争执。老赵让王主任进一步回忆当时在场的工作人员的反应时，王主任说："大家都忙着干自己的事，偶尔也会劝劝。"从教育性督导的角度看，老赵适宜的做法是

(　　)。

　　A. 协助王主任进行自我反思，自我思考解决办法
　　B. 提醒王主任办公室同事之间相互支持非常重要
　　C. 引导王主任设身处地考虑社区网格员切身感受
　　D. 建议王主任出面接待居民，为社区网格员解围

47. "不再慌糖"是某社区健康服务中心专为老年糖尿病患者提供的服务项目。该项目由社会工作者、退休党员、护士组织发起，项目运行半年后，又有几名心理咨询师、医生和瑜伽教练加入该项目团队。该项目的团队结构类型属于（　　）。

　　A. 问题解决团队　　　　　　　B. 多功能团队
　　C. 医疗服务团队　　　　　　　D. 老人互助团队

48. 以下属于社会工作服务机构公信力评估内容的是（　　）。

　　A. 志愿者的参与度　　　　　　B. 社会工作者的数量
　　C. 社会捐赠的资金量　　　　　D. 治理结构的规范性

49. 某社会工作服务机构的年报中包含了专业交代、服务交代、行政交代、财政交代等内容。根据社会工作服务机构公信力展现的多元交代特点，该机构在年报中还需补充的内容是（　　）。

　　A. 社会工作者的服务水平　　　B. 服务对象的满意度评估
　　C. 机构的管理制度　　　　　　D. 机构履行社会职责的情况

50. 随着社会保障制度的改革和重建，受市场化、"小政府，大社会"改革模式以及"以人为本"等价值观的多方面影响，政府购买社会工作服务作为一种新的机制在全国各地推广，在很大程度上影响着我国社会福利行政体系的运作。上述变化表明，当前我国社会福利行政体系的特点是（　　）。

　　A. 社会政策目标对象被动地接受福利
　　B. 社会政策实施主体呈现多元化趋势
　　C. 社会政策执行是自上而下的政治模式
　　D. 社会政策效果评估是行政化的检查和汇报

51. 社会工作服务机构通常会安排资深社会工作者担任督导，并赋予其行政权力。机构在选择督导时，首先应考虑的因素是该社会工作者是否（　　）。

　　A. 拥有员工管理的经验　　　　B. 具有社会动员的能力
　　C. 担任过机构或部门的负责人　D. 具有对专业负责的精神

52. 福利院督导大刚发现新来的3名社会工作者在实际工作中都遇到了类似的问题，即与老年人沟通时感到困难，从而难以与老年人建立关系。根据这一情况，大刚决定为他们定期进行团体督导。大刚制订了督导计划，确定了不同主题和内容的活动，以提升他们的实务能力，从而有效地解决问题。大刚的督导方式是（　　）。

　　A. 咨询式督导　　　　　　　　B. 管理式督导
　　C. 训练式督导　　　　　　　　D. 师徒式督导

53. 某社会工作服务机构的督导老杨发现机构的社会工作者都是"单枪匹马"地负责

和执行服务项目。部分社会工作者向老杨反映工作中缺少交流，员工之间关系生疏，一旦发生人事变动，服务项目就要被迫暂停甚至终止，影响服务对象的利益。为此，老杨向机构领导反映情况并建议成立项目小组，每个项目至少有2名员工参与。这种方式运行一段时间后，员工彼此间沟通少的情况得到改善，团队合作意识有所提升，机构稳定性和凝聚力也日渐增强。老杨扮演的是（　　）角色。

　　A. 使能者　　　　　　　　　　　　B. 教育者
　　C. 决策者　　　　　　　　　　　　D. 倡导者

54. 社会工作者小单家在外地，本地没有什么朋友。逢年过节，小单都会不同程度地出现情绪低落的状况，需要很长一段时间才能调整好工作状态。机构督导杨老师在专业上对小单帮助很大，但在年终评议时，小单给杨老师提意见，希望杨老师不要只谈专业，也要关心她的生活。针对小单的意见，杨老师正确的做法是（　　）。

　　A. 结束督导关系
　　B. 告诉小单专业知识和能力的重要性
　　C. 适当提供情感支持
　　D. 为小单介绍新的督导

55. 志愿者是社会组织的重要合作伙伴，以下关于不同类型的志愿者督导发挥功能的说法，错误的是（　　）。

　　A. 行政性督导功能——培养有效的志愿者
　　B. 教育性督导功能——培养能干的志愿者
　　C. 支持性督导功能——了解和关怀志愿者
　　D. 行政性督导功能——培养能干的志愿者

56. 以下关于社会工作研究的说法，正确的是（　　）。

　　A. 定性研究和定量研究都以假设演绎法为逻辑基础
　　B. 问卷调查和观察法是定量研究的主要方法
　　C. 行动研究是社会工作研究的独有方法
　　D. 社会工作研究者可以是资料的收集者、分析者和结果的应用者

57. 下列研究中，属于定量研究适用范围的是（　　）。

　　A. 某社区青少年就业障碍影响因素研究
　　B. 某社会工作师事务所运行机制研究
　　C. 某对夫妻离婚原因深入分析
　　D. 某患先天性心脏病儿童的家族史研究

58. 为了研究就业培训项目对社区失业人员再就业的效果，社会工作者老赵挑选了情况较为相似的A、B两个社区，并对A社区的失业人员进行就业技能培训。半年后，老赵就A、B两个社区失业人员再就业的状况进行比较，发现A社区的再就业比例明显高于B社区，老赵据此判定该就业培训项目有效。老赵采用的研究方法是（　　）。

　　A. 前后测控制组设计　　　　　　　B. 单后测控制组设计
　　C. 非对等控制组设计　　　　　　　D. 多组时间序列分析

59. 研究者事先没有预定的主题或文字材料，问题在访问时临时想起，并以不同问题从不同受访者处收集信息，这是（　　）访问的基本特性。

　　A. 控制式　　　　　　　　　　B. 非正式会话式
　　C. 引导式　　　　　　　　　　D. 标准化开放式

60. 社会工作者小王正在进行一项关于如何提升社区认同感的研究。他与社区的年轻人一起走访了社区的老年人，了解并记录社区的历史，收集社区的老物件，并举办了一个以"我们的历史"为主题的系列展览。事后，小王与大家一起对这项活动进行了总结反思，对于进一步提升社区认同感形成了更明确的工作计划。小王的这项研究主要采用了（　　）的方法。

　　A. 实验研究　　　　　　　　　B. 问卷调查
　　C. 个案研究　　　　　　　　　D. 行动研究

二、多项选择题（共20题，每题2分。每题的备选项中，有2个或2个以上符合题意，至少有1个错项。错选，本题不得分；少选，所选的每个选项得0.5分）

61. 以下关于西方社会工作发展的过程的说法，正确的有（　　）。
　　A. 自20世纪20年代开始，社区工作方法被广泛接受
　　B. 美国于1918年成立"美国义务社会工作者协会"，于1919年成立"美国学校社会工作者协会"
　　C. 社会工作专业方法的发展趋势是从细分到整合
　　D. 社会工作走出了单纯的治疗、救助的旧框架，治疗—预防、救助—发展成为社会工作的基本思路
　　E. 20世纪中期以后，社会工作的服务模式受到多种社会思潮的影响，形成了一些新的模式，如人本主义模式、赋权增能模式、女权主义模式、后现代模式等，从而形成多种理论模式并存、多种工作方法竞相发展的局面

62. 王奶奶无儿无女，丈夫去世后独自生活。最近王奶奶突然中风，因治疗不及时导致行走困难。社会工作者小张协助王奶奶练习走路，并为她申请了临时医疗救助。小张的工作属于（　　）。

　　A. 老人服务　　　　　　　　　B. 社会救助
　　C. 康复服务　　　　　　　　　D. 家政服务
　　E. 心理服务

63. 以下属于小组开始阶段组员一般特点的有（　　）。

　　A. 矛盾的心理与行为特征　　　B. 小心谨慎与相互试探
　　C. 浓重的离别情绪　　　　　　D. 自我抗拒
　　E. 对未来充满信心

64. 赵奶奶入住某养老机构一个月来，总是闷闷不乐。社会工作者老余在与她面谈中得知，一年前赵奶奶和老伴外出旅游时，老伴意外猝死在酒店房间。此后，每当看到房间

里的空床，赵奶奶就会触景生情。她请老余保守这个秘密，并希望能搬走空床。下列老余的做法中，符合社会工作伦理守则的有（　　）。

  A. 向督导者咨询，共同分析商讨合理解决方案
  B. 严格履行养老机构的入住协议，不搬走空床
  C. 为赵奶奶保守秘密，与机构协商把空床搬走
  D. 向机构同事说明此事，讨论搬走空床的利弊
  E. 帮助赵奶奶疏解情绪，适应机构的生活环境

65. 人们进入老年阶段后将要面临许多问题，主要有（　　）。
  A. 失智和失能问题　　　　　　B. 死亡问题
  C. 婚姻关系的变化问题　　　　D. 精神健康问题
  E. 被歧视和被虐待问题

66. 小天刚参加工作时，在工作方式、同事关系、生活节奏等方面都倍感压力，不知所措。经过一段时间的学习、培训、咨询和调整，小天慢慢适应并出色地完成工作，得到了领导和同事的认可。小天的经历反映出人类行为的（　　）特点。
  A. 适应性　　　　　　　　　　B. 多样性
  C. 可控性　　　　　　　　　　D. 确定性
  E. 实用性

67. 王某失业后一直找不到工作，最近又大病一场。王某的妻子在此期间承受不住巨大的压力，与王某大吵一架，夫妻关系降到冰点。王某身体虽然康复，但由于治病药费不菲，导致生活陷入困境。王某把这一切都归咎于自己命不好，整天闭门不出，唉声叹气。如果运用生态系统理论，社会工作者应该（　　）。
  A. 协助王某认识到把自己的困境归咎于"命不好"是不正确的想法
  B. 协助王某改善与妻子的关系，寻求妻子的理解与支持
  C. 协助王某联系民政部门，获得救助帮扶服务
  D. 协助王某联系人力资源社会保障部门，获得职业介绍服务
  E. 协助王某认识到每个人都要承受痛苦，痛苦经历也是有意义的

68. 小庄因为个子矮小而感到自卑，不愿参加朋友的聚会，人际关系日渐疏离，并产生了不少负面情绪。如果运用理性情绪治疗模式，社会工作者应采取的做法有（　　）。
  A. 协助小庄理解自己的非理性信念与具体的情绪、行为困扰之间的联系
  B. 使用列表的方法，详细记录小庄与朋友交往时的想法
  C. 协助小庄对自己的非理性信念进行质疑
  D. 协助小庄扮演特定角色，回顾当时情境中的情绪和行为
  E. 引导小庄回忆儿时的生活和曾经发生的特别事件

69. 小宋失业多年，其母亲寻求社会工作者小王的帮助。经过三个多月的服务，服务目标达成，目前进入结案阶段。此时，小王适当的做法有（　　）。
  A. 直接告知小宋结束个案服务
  B. 征询小宋母亲意见决定是否结案

C. 与小宋探讨结案后共同解决问题的方法

D. 与小宋电话商讨结案后的跟进服务计划

E. 告诉小宋因时间原因而不得不终止个案服务

70. 阿芳 45 岁才得一子，但儿子在上周意外去世，她备受打击。社会工作者运用危机介入模式帮助阿芳，应采取的介入措施有（　　）。

A. 帮助阿芳整理自己的想法和感受　　B. 帮助阿芳缓解失去孩子的悲伤

C. 协助阿芳探讨过往的感受　　　　　D. 评估阿芳的创伤程度

E. 劝阿芳不要过度悲伤

71. 社会工作者老钱负责社区志愿者管理工作，他发现社区居民参与志愿服务的动机不同，对服务的投入存在差异。除了一起服务，社区志愿者彼此之间并不熟悉，互动较少，志愿者队伍较为松散，缺乏团队凝聚力，志愿服务内容较为单一，志愿服务水平参差不齐。因此，老钱决定根据阿尔德弗尔的 ERG 理论为社区志愿者提供服务，满足他们多元化的需要。下列老钱开展的服务中，能够体现满足志愿者团队成长需要的有（　　）。

A. 设立"志愿者加油站"提供热水、药品、急救包等必需物资

B. 依托"志愿者加油站"打造志愿者交流互动共享的公共空间

C. 链接社会资源为社区志愿者提供"反哺－激励"公益服务

D. 鼓励骨干志愿者每月开展"技益共享"志愿者沙龙活动

E. 定期举办"如何带好志愿者队伍"系列能力提升工作坊

72. 在小组工作的结束阶段，社会工作者应该协助组员保持已经改变了的行为，并将在小组中获得的成长经验运用到日常生活中。为此，社会工作者应该（　　）。

A. 鼓励组员积极参加模拟练习，帮助他们做好得不到支持的心理准备

B. 肯定组员的实力，并对他们在小组中所完成的任务给予肯定

C. 增强小组凝聚力，使组员依靠小组解决以后面临的困难

D. 安排跟进聚会，提醒组员记住他们已经发生的变化，并帮助他们解决在此期间遇到的困难

E. 寻求组员家人或其他人的支持以帮助维持组员已经发生的变化

73. 某以互动模式开展的小组工作已经进入到第 3 次小组活动，社会工作者发现组员小丁很内向，活动中很少说话。这时，社会工作者可以（　　）。

A. 投以鼓励的目光，等他获得勇气后再请他发言

B. 直接给他一个问题，询问他的意见，等他回答

C. 关注他，若他正在倾听其他组员的发言，暂时不打扰他

D. 鼓励其他组员积极发言，无论他们说什么都给予肯定

E. 设计一个体验活动，请每位组员分享感受，小丁发言后及时给予鼓励

74. 在传统文化保护项目中，社会工作者在社区居民中成立了"老物件、老照片、老故事"小组。经过一段时间的工作，小组进入了后期成熟阶段。此阶段小组及组员的主要特征有（　　）。

A. 小组的凝聚力增强　　　　　　　　B. 小组的关系结构趋于稳定

C. 组员对小组具有较强的认同感 D. 组员对小组充满了信心和希望

E. 组员对社会工作者的依赖增强

75. 某阳光家园的智障人士通过小组活动掌握了基本的生活技能，改善了自身状况。在小组活动结束阶段，社会工作者小周对照现实生活情境，让组员在小组中练习他们学习到的行为技巧，并注重观察组员的变化，给予肯定和鼓励，让他们勇于面对未来的生活。上述小周的做法中，体现出的协助组员保持小组经验的方法有（　　）。

A. 模拟练习 B. 树立信心

C. 寻求支持 D. 鼓励独立

E. 跟进服务

76. 社会工作者在策划项目时，一方面要考虑服务对象的问题和需求，另一方面要考虑资源保障的状况。为争取机构管理者支持，社会工作者在策划时还应当考虑（　　）。

A. 服务项目实现和达成目标的程度

B. 服务项目目标是否符合机构目标

C. 服务项目是否符合政策要求

D. 机构的资源是否充足

E. 服务项目是否为机构所必须提供的

77. 某社区服务中心为丰富老年人的日常生活成立了老年大学，由中心副主任兼任老年大学负责人，管理老年大学的授课志愿者。随着老年大学开发课程的增加，志愿者的人数越来越多，流动率也越来越高，出现了志愿者资源与需求不匹配、志愿者服务满意度严重下降等问题。为了加强对老年大学志愿者的管理，该中心应该采取的措施有（　　）。

A. 精简志愿者工作内容与人数 B. 科学合理规划志愿者的工作

C. 配合志愿者的时间开展培训 D. 配置老年大学专职管理人员

E. 建立志愿服务网络与服务平台

78. 为协助留守妇女掌握一技之长，增加家庭收入，社会工作者小潘组织了手工技能培训小组。组员们在参与小组之余，还苦练学到的技术，制作出不少手工作品，小潘计划对小组进行评估。下列内容中，能够评估小组效果的有（　　）。

A. 小组作业和组员制作的手工作品

B. 小组结束后与组员的跟进访谈记录

C. 小潘的小组观察记录

D. 小组中收集到的组员感受卡

E. 小组过程记录

79. 同辈督导团体的成员可能来自不同机构或团队，所以需要签订明确的督导契约。督导契约的内容应包括（　　）。

A. 团体成员的角色分工 B. 会议召开的周期

C. 每次会议持续的时间和会议议程 D. 团体成员承诺坚持参加督导会议

E. 督导会议的反馈

80. 社会工作者老王采用个案研究方法，与服务对象小军一起回顾戒毒的心路历程，并总结成功戒毒的经验。以下关于该研究的说法，正确的有（　　）。
A. 该研究能呈现小军戒毒过程的独特性
B. 该研究收集的资料必须使用量表进行测量
C. 该研究过程需要遵循严格的前测后测步骤
D. 该研究过程需要注重小军的主观感受
E. 研究中老王需要回顾反思与小军的关系

考前冲刺试卷（五）

一、单项选择题（共60题，每题1分。每题的备选项中，只有1个最符合题意）

1. 以下关于社会工作专业化发展的说法，正确的是（　　）。
   A. 整合社会工作成为社会工作专业化发展的趋势
   B. 20世纪上半叶，社会工作行政方法开始确立并逐渐发展
   C. 社会工作目标模式从救助—发展模式转变成治疗—预防模式
   D. 《伊丽莎白济贫法》的颁布标志着社会工作的产生

2. 随着社会的进步和社会福利制度的发展，社会工作对象的范围和性质也在变化。下列人群中，属于社会工作扩大对象的是（　　）。
   A. 贫困者　　　　　　　　　B. 残障人士
   C. 孤寡老人　　　　　　　　D. 社会大众

3. 某街道社工站新任站长小雪发现，站点中具有专业背景的社会工作者较少，持证率较低，并存在人员被借调问题，站点服务也缺乏系统性。面对这种情况，小雪热情消失，感到非常焦虑，向督导者老李求助，此时，老李首先需要做的是（　　）。
   A. 建议小雪提高工作人员持证率　　B. 疏解小雪的负面情绪
   C. 提升小雪的工作能力　　　　　　D. 协助小雪解决人员的借调问题

4. 社会工作者小马一直负责"流动儿童助学行动"，具体工作包括：开展咨询服务、对接服务需求、设计资助方案提供专业服务、链接更多资源进入流动儿童教育领域。下列服务中，体现小马具备干预能力的是（　　）。
   A. 反思流动儿童服务的优缺点　　　B. 厘清流动儿童的多元化发展需求
   C. 指导流动儿童改进学习方法　　　D. 联系企业捐赠文具帮助流动儿童

5. 以下关于社会工作要素的说法，正确的是（　　）。
   A. 社会工作价值观是通过社会工作专业教育养成的
   B. 社会工作者的素质、经验和能力直接影响服务成效
   C. 社会工作服务对象就是社会中需要帮助的贫困人群
   D. 助人活动是社会工作者向服务对象提供的单向支持活动

6. 近年来，"久久公益节"、水滴筹等日益受到社会的广泛关注，这种筹款方式属于

( )。

  A. 项目申请   B. 电话劝募

  C. 特别事件筹资活动   D. 公益众筹

7. 某社区居民委员会接到多起居民投诉，反映部分老年人大清早跳广场舞，音乐声音很大，打扰居民生活。为此，社会工作者小张接受委托，召开居民议事会商讨解决此问题。小张的工作内容属于（ ）。

  A. 老年社会工作   B. 社区社会工作

  C. 家庭社会工作   D. 矫正社会工作

8. 社会工作服务机构为社区低保家庭提供各种服务。从社会工作价值观的角度看，下列做法中，最能体现保护服务对象权益的是（ ）。

  A. 提高社会工作者开展社区活动的能力

  B. 呼吁全社会给予救助对象更多的同情

  C. 策划宣传社会救助政策的主题活动方案

  D. 举办针对救助对象需要的就业技能培训

9. 以下关于社会工作价值观的说法，正确的是（ ）。

  A. 社会工作者受过专业训练，知道什么是最佳服务方法，无须向服务对象说明

  B. 社会工作者可以不事先取得服务对象同意，披露服务对象个人信息和隐私

  C. 社会工作者在任何情况下都应该对服务对象的信息保密

  D. 如果服务对象的决定可能危及自身或他人生命安全，社会工作者不必恪守服务对象自决原则

10. 小宋是一名参加工作不久的社会工作者，在一次接待一名60多岁、听力有问题的老人时，由于事先没有了解到老人的听力问题，小宋在与老人的沟通中柔声细语地说话，老人不耐烦地大吼起来，怪小宋说话声音太小。此时，根据社会工作专业的（ ）原则，小宋需要向老人道歉，并继续为老人提供服务。

  A. 同情   B. 保密

  C. 接纳   D. 尊重

11. 社会工作者老王计划通过筹款平台，为4岁患有先天性心脏病的小明筹集医疗费用。根据社会工作伦理守则，老王的下列做法中，最适宜的是（ ）。

  A. 为增强筹款真实性，在平台配发小明卧病在床的照片

  B. 征得小明父母同意后，隐去小明可识别的信息后筹款

  C. 征得小明同意后，发动小明所在幼儿园老师捐款

  D. 根据小明的意愿，隐去小明可识别的信息后筹款

12. 社会工作者小李从事戒毒康复社会工作时间不长，他希望能够秉持社会工作价值观，与服务对象建立良好的专业关系。小李的下列做法中，体现了社会工作非评判原则的是（ ）。

  A. 避免议论指责服务对象的言行   B. 与服务对象进行充分的情感交流

  C. 理解认同服务对象的生活方式   D. 视服务对象为工作中的合作伙伴

13. 党政军民学，东西南北中，党是领导一切的。这体现了我国社会工作发展的基本原则是（　　）。

　　A. 坚持中国共产党的领导　　　　B. 坚持社会主义核心价值观
　　C. 坚持以人民为中心　　　　　　D. 坚持职业化、本土化、专业化

14. 79岁的王奶奶育有一子一女，与老伴共同居住在某养老院。王奶奶曾经做过胃切除手术，比较注意饮食。近期，她左腿膝盖做了手术，只能卧床休养，日常活动能力和社交受限。王奶奶心事比较重，经常担心术后恢复不好，生活无法自理，瘫在床上等死，也担心给老伴和子女添麻烦。王奶奶很想对老伴与子女诉说自己的心事，但她们都觉得是王奶奶瞎想，不愿与她谈。以下关于王奶奶需要类型的说法，正确的是（　　）。

　　A. 术后卧床休养的照料是安全需要　　　B. 家人沟通理解是自我实现的需要
　　C. 生命与死亡教育是满足成长需要　　　D. 日常生活中的自主性是中介需要

15. 某初中班主任在学生小参的周记作业中，发现小参有逃学的念头，因不知如何应对而向社会工作者小刘求助。小刘找小参谈话并了解到，小参在感到不开心时就想逃学。此时，小刘恰当的做法是（　　）。

　　A. 与小参约定当他不开心时要第一时间找小刘倾诉
　　B. 与小参的父母约定每周需与小刘沟通一次
　　C. 与小参最要好的朋友约定最近要更多地关心帮助小参
　　D. 与小参的班主任约定替小参保守想要离家出走的秘密

16. 以下不属于会谈类型的是（　　）。

　　A. 诊断性会谈　　　　　　　　　B. 收集资料会谈
　　C. 治疗性会谈　　　　　　　　　D. 辅导性会谈

17. 小庆家庭经济困难，父母常年在外打工，很少与家里联系。小庆的母亲和奶奶有矛盾，关系很僵。小庆和爷爷奶奶一起生活，爷爷奶奶年事已高，无力管教小庆的学习。小庆最近迷上了到网吧玩网络游戏，常常彻夜不归。造成小庆上述行为的主要家庭原因是（　　）。

　　A. 家长疏于管教　　　　　　　　B. 婆媳关系不佳
　　C. 经济状况不好　　　　　　　　D. 隔代关系疏离

18. 小赵对猫有着强烈的抗拒心理，见到猫时会表现出恐惧甚至浑身颤抖，最近还因为此事影响了与家人朋友的关系，家人带着她向社会工作者小俞求助。小俞了解小赵的情况后，为其提供服务。小俞的下列做法中，符合精神分析理论的是（　　）。

　　A. 询问小赵惧怕猫的原因，并极力改变她的错误认知
　　B. 帮助小赵尝试触摸猫，通过多次接触进行脱敏治疗
　　C. 询问小赵早年经历，了解小赵排斥猫的原因
　　D. 联系小赵的社会支持网络，帮助小赵缓解内心的恐惧感

19. 为了更好地丰富社区的精神文化生活，给居民们提供交流平台，社会工作者小杨协助社区开办了一家社区咖啡馆。由于缺乏管理经验，咖啡馆的运营并不顺利。下列做法中，符合资源维系原则的是（　　）。

A. 加强资源的重复使用

B. 不需经常与资源提供者联系，避免造成不必要的困扰

C. 对资源应当遵循多多益善原则，多积累资源

D. 对资源的使用做到公开透明，协助赞助者或捐赠者树立良好的社会形象

20. 学校社会工作者桓老师对本校学生的心理健康状况进行调查，发现存在心理困扰的学生大多缺失家庭监护，学习也有困难，甚至出现沉迷网络游戏、逃学等行为。桓老师运用生态系统理论为这些学生设计服务方案。下列服务中，最能体现生态系统理论特点的是（　　）。

A. 对心理问题较为严重的学生进行个案辅导

B. 为存在学习困难的学生链接志愿服务资源

C. 为出现网瘾问题的学生开设行为治疗小组

D. 对出现逃学行为的学生及时进行批评教育

21. 存在主义社会工作认为个人具有选择的自由。以下说法中，符合存在主义理论的是（　　）。

A. 人格基础是个人进行自由选择的前提条件

B. 个人能够选择的行动必然受限于社会规范

C. 个人选择的自由包括免除责任的自由

D. 个人选择的自由会带来更多不确定性

22. 初入大学的小玉觉得宿舍其他同学见多识广、性格开朗，希望自己能与她们一样。为此，小玉主动与周围人讨论热点话题，却又觉得自己经常插不上话。小玉向社会工作者小方求助，迫切希望从小方这里找到好方法。根据人本主义理论，小方适宜的做法是（　　）。

A. 指导小玉学习人际交往技巧以改善与同学们的人际关系

B. 指出小玉将别人的长处与自己的短处相比是非理性思维

C. 引导小玉在认识并接受真实自我的基础上发展应对方法

D. 鼓励小玉认识到只要不断努力就能和别人一样优秀

23. 服务对象：“我受不了父母对我的态度，真想离家出走，一走了之。但如果父母知道一定会急疯的……"

社会工作者：“你能考虑到父母的心情，也知道自己的行为不妥，说明你不想用这种不辞而别的方式伤害他们。"

根据心理社会治疗模式，社会工作者运用的技巧是（　　）。

A. 心理动力反思　　　　　　B. 间接影响

C. 探索—描述—宣泄　　　　D. 直接影响

24. 小刘是一名 7 岁孩子的母亲，她总对自己不满意，希望今后孩子比自己优秀，却又不知道如何与孩子沟通，这让她感到非常焦虑。社会工作者根据多次会谈收集的信息，为小刘的个案服务方案制定了下列服务目标：①降低小刘对孩子的过高期待；②改变小刘的自动化思考模式；③强化亲子沟通能力；④增强小刘的自控能力。根据上述服务目标，

社会工作者最有可能采用的服务模式是（　　）。
  A. 认知行为治疗模式　　　　　　　B. 心理社会模式
  C. 任务中心模式　　　　　　　　　D. 精神分析模式

25. 明明经常与小伙伴打架，儿童社会工作者与明明进行了两次会谈，并通过学校、老师了解了明明的家庭背景和学业成绩，但仍未完全搞清楚明明的问题。此时，社会工作者为了收集更多资料，不宜运用（　　）方法。
  A. 会谈　　　　　　　　　　　　　B. 自我陈述
  C. 观察　　　　　　　　　　　　　D. 直接对答

26. 以下关于心理社会治疗模式的说法，正确的是（　　）。
  A. 心理社会治疗模式只强调社会因素
  B. 心理社会治疗模式的治疗技巧分为直接治疗和间接治疗
  C. 非反思性直接治疗技巧是指社会工作者较为注重服务对象的感受
  D. 反思性直接治疗技巧是指服务对象被动参与服务

27. 服务对象："我读书的时候还是很吃力的，每次考得不好，母亲对我就会很严苛，经常不让我吃饭，不过学校外面的小卖铺有很多小零食，和小伙伴一起玩还是特别开心的……"
  社会工作者："刚才你谈了很多童年的往事，接下来我们再多谈一谈你和你母亲的关系吧。"
  上述对话中，社会工作者采用的技巧是（　　）。
  A. 建议　　　　　　　　　　　　　B. 澄清
  C. 对焦　　　　　　　　　　　　　D. 专注

28. 小林上中学后，学习成绩一直不好。为了帮助小林，社会工作者小李专门找到小林的班主任，商量提高小林学习成绩的方法。上述小李的做法，运用了心理社会治疗模式中的（　　）技巧。
  A. 现实状况反思　　　　　　　　　B. 人格发展反思
  C. 直接影响　　　　　　　　　　　D. 间接治疗

29. 张某夫妇向社会工作者反映，12岁的儿子小明到处闯祸、无法管教。他们认为，儿子是受了朋友的不良影响，禁止儿子再与他们交往，并向社会工作者求助。此时，社会工作者适宜的做法是（　　）。
  A. 找小明谈话并质疑他的行为
  B. 到社区了解小明朋友的情况
  C. 了解张某夫妇的教养模式和小明对问题的看法
  D. 教给张某夫妇管教小明的技巧

30. 社会工作者："你现在和父亲的关系如何？"
  服务对象："普普通通，我现在有自己的家，见他的次数比较少。"
  社会工作者："你说的普普通通是指……"
  上述对话中，社会工作者第二次提问时运用的技巧是（　　）。

A. 澄清 B. 对质
C. 专注 D. 同理心

31. 大学生小季有较严重的情绪困扰和社交问题。社会工作者小秦在运用心理社会治疗模式对小季进行辅导的同时，还推荐并指导小季阅读人际交往方面的图书，学习沟通技巧。小秦除扮演治疗者的角色外，还扮演了（   ）的角色。

A. 全能者 B. 教育者
C. 支持者 D. 研究者

32. 小组活动开始后，组员间有下面一段对话。

成员甲："这么多年来，我感觉结婚对我来说就是个错误的决定……"

成员乙："你丈夫出轨了？"

成员甲："不是。"

成员乙："那是你有问题，你心里有其他人？"

成员甲："不是……"

成员乙："那……我猜……"

在此情境中，社会工作者最适合运用的技巧是（   ）。

A. 提问 B. 对质
C. 沉默 D. 限制

33. 社会工作者武某带领的大学生成长小组，组员发言积极主动。武某在每名组员分享经验后对发言者给予了反馈。武某运用了小组工作中的（   ）技巧。

A. 积极回应 B. 专注与倾听
C. 引导讨论 D. 示范引导

34. 在小组工作的结束阶段，社会工作者不仅需要处理小组成员的离别情绪，还需要（   ）。

A. 鼓励成员互相尊重与关怀 B. 重新建构小组关系
C. 协助组员保持小组经验 D. 协助完善小组规范

35. 学校社会工作者计划为大四学生开展升学就业小组工作，协助他们为前途做出选择。社会工作者在设计小组活动时，除要考虑学生的特征和能力、学校的场地和设备外，还要考虑（   ）。

A. 社会工作者的兴趣 B. 学校的目标
C. 机构的发展方向 D. 小组的活动目标

36. 以下属于小组介入技巧中"对小组整体的介入技巧"的是（   ）。

A. 促进个体自我改变 B. 促进组员之间相互学习
C. 改变沟通和互动模式 D. 提升社区意识

37. 学校社会工作者张某招募10名高二学生，就如何提高学习动力，运用互动模式开展小组工作。下列说法中，正确的是（   ）。

A. 互动模式旨在帮助组员了解、认识和探索自己

B. 在互动模式中，组员一般来自行为出现问题的人群

C. 互动模式强调组员间的平等以及个体独立性

D. 互动模式主要帮助组员学习新知识和新方法

38. 社会工作者招募自闭症孩子的父母组成小组，通过组员分享个人的感受和经验等活动，来增强组员对未来生活的信心。该小组属于（　　）。

A. 成长小组　　　　　　　　　　B. 治疗小组

C. 教育小组　　　　　　　　　　D. 支持小组

39. 社区工作的目标分为过程目标和任务目标。下列行动属于实现过程目标的是（　　）。

A. 增强居民处理社区事务的能力　　B. 改善社区的卫生状况

C. 建立社区支持机构　　　　　　　D. 加强社区的安全巡逻

40. 社区社会工作者在暑假举办一个提升青少年沟通技巧的小组活动，有个女孩在活动期间经常离开小组接听手机。此时，社会工作者适当的处理方法是（　　）。

A. 委婉劝她退出小组　　　　　　　B. 在小组中讨论小组规范

C. 让她在组员面前检讨　　　　　　D. 和其他组员讨论她的行为

41. 社会工作者在适老化环境改造中，除要关注社区老年活动设施、场地的建设，更重要的是应关注老年人对社区的认识，引导其参与社区事务，鼓励其承担社区责任。以下关于社区工作目标的说法，正确的是（　　）。

A. 社区工作的过程目标应更加具体、明确且实际

B. 社区工作的最终理想是帮助社区建立集体能力

C. 社区工作的过程目标与任务目标在实践中完全契合

D. 促进社区居民参与社区建设是社区工作的任务目标

42. 某老旧小区因停车难问题屡屡被居民投诉，社会工作者为此召开居民议事会，下列社会工作者的提问中，属于界定问题的是（　　）。

A. "咱们社区停车难问题是怎么产生的？"

B. "停车难问题主要集中出现在哪个时间段？"

C. "停车难问题对咱们居民的生活有什么影响吗？"

D. "解决停车难问题会给居民和社区带来什么改变？"

43. 地区发展模式与社区照顾模式之间的相同点在于（　　）。

A. 较多关注社区共同性问题　　　　B. 重视发掘社区内部资源

C. 过程目标的重要性超过任务目标　D. 体现自上而下的改变

44. 社区社会工作者老李走访了辖区内 40 户失能失智老人家庭，评估了老年人的生活自理能力，请家庭照顾者填写了《照顾者负担量表》，并对负担程度是"中度"和"重度"的家庭照顾者进行重点关怀。同时，老李链接专业护理机构和社区志愿服务团队资源，组建了由护理人员与志愿者组成的服务小组，配对支援重点家庭，提供规范和可持续的喘息服务。上述老李开展的服务中，运用的社区照顾实施策略是（　　）。

A. 由社区照顾　　　　　　　　　　B. 正式的照顾

C. 非正式照顾　　　　　　　　　　D. 对社区照顾

45. 为了实施建立便民社区的工作计划,社会工作者小傅走访了社区周边的专业机构,了解它们的经营范围、产品特色、收费情况等信息。从社区资源管理的角度看,小傅的工作属于( )。

   A. 资源分析　　　　　　　　　　B. 资源开发
   C. 资源链接　　　　　　　　　　D. 资源维系

46. 社会工作者组织居民开会,希望了解居民对社区上一年度服务的看法和建议,结果有许多居民迟到。此时,社会工作者适当的做法是( )。

   A. 等所有与会者都到齐后再开始　　B. 将重要事项放到会议最后讨论
   C. 逐个告知迟到者会议前期内容　　D. 重申纪律并进行适当的批评

47. 某社区计划组织治安巡逻队,准备邀请居民钱先生加入,社会工作者为此到钱先生家中访问。在谈话中,社会工作者说:"您刚才也讲到,好几家都丢过自行车和晾晒的衣物,大家都觉得小偷太猖獗了。"这里,社会工作者采用的技巧是( )。

   A. 探索感受　　　　　　　　　　B. 反映感受
   C. 分享感受　　　　　　　　　　D. 理解体谅

48. 社会工作者组织 A 社区的外来务工者家庭开展自助互助服务,并组织部分家庭作为代表参观情况相似的 B 社区。参观时,代表们发现了一个出售二手儿童图书和玩具的小店,觉得自己的社区也需要一个这样的小店。从需要的产生角度看,A 社区的家庭对于出售二手儿童图书和玩具的小店的需要属于( )需要。

   A. 规范性　　　　　　　　　　　B. 感觉性
   C. 表达性　　　　　　　　　　　D. 比较性

49. 一些社区居民骨干希望有关部门能重视社区的环境建设,但由于不善言辞,无法清晰地表述自己的观点。对此,社会工作者计划为社区居民骨干提供培训。下列培训内容中,较适宜的是( )。

   A. 会议主持技巧　　　　　　　　B. 演讲技巧
   C. 信息收集技巧　　　　　　　　D. 沟通与游说技巧

50. 某社区地处郊区,集中居住了较多外来人口。社会工作者小马走访部分家庭时发现,家庭成员来自不同地域的家庭矛盾较多,于是决定策划一个家庭综合服务项目。小马首先要做的工作是( )。

   A. 明确服务目标　　　　　　　　B. 界定问题和评估需求
   C. 寻求社会资源　　　　　　　　D. 制定可行性方案

51. 某市慈善协会主办了主题为"我们在一起"的募捐晚会,现场安排热线电话接受捐款,得到了社会各界的积极响应。这一活动属于( )。

   A. 项目申请　　　　　　　　　　B. 媒体劝募
   C. 电话劝募　　　　　　　　　　D. 特别事件筹资

52. 某市残疾人联合会准备在全国助残日举办促进残障人士就业的大型公益宣传活动。在制订活动计划时,社会工作者对不同部门、人员的相关活动等在时间和过程方面进行了合理搭配,要求大家在活动当天互相支持、互相配合。社会工作者的上述工作属于

（　　）协调。

  A. 工作性   B. 程序性

  C. 参谋式   D. 沟通式

53. 定量研究中，研究者的角色是（　　）。

  A. 社会现象的旁观者   B. 社会行动的参与者

  C. 社会行动的组织者   D. 社会关系的协调者

54. 某调查问卷的封面信上写着："本调查采用不记名方式……"，该内容旨在说明（　　）。

  A. 保密原则   B. 问题填答方式

  C. 研究内容   D. 对象选择方法

55. 在小组工作的中期转折阶段，小组成员关系走向亲密化，小组内部权力竞争开始。此时，社会工作者的工作重点是（　　）。

  A. 增强组员对小组的认同感   B. 处理小组冲突

  C. 形成稳定的小组关系结构   D. 协助组员把认知转变为行动

56. 在社会工作研究中，个案研究侧重于（　　）。

  A. 使用问卷调查收集资料   B. 深入了解研究对象的问题

  C. 对研究发现进行推论   D. 对访问结果进行数据统计

57. 社会工作者小胡计划对受虐妇女群体进行研究，并决定采取定性研究方法。该研究方法侧重于（　　）。

  A. 发现所研究的受虐妇女群体的特殊性

  B. 推论受虐妇女群体的总体特征

  C. 验证有关妇女被虐待的理论假设

  D. 归纳提炼出有关受虐妇女问题的理论

58. 根据问卷设计中问题的排序原则，下列问题正确的排序应是（　　）。

（1）您觉得精准救助服务的效果如何？①非常好；②比较好；③一般；④比较差；⑤非常差。

（2）您第一次领取最低生活保障金的时间为：＿＿＿＿年＿＿＿＿月。

（3）您的教育程度是？①初中及以下；②高中/中专/技校/同等学力；③大专及以上。

  A.（1）（2）（3）   B.（3）（1）（2）

  C.（3）（2）（1）   D.（1）（3）（2）

59. 某服务中心的社会工作者为了解服务对象的需要，设计了一份调查问卷。在该问卷的封面信中，必须包含的内容是（　　）。

  A. 问卷结构   B. 调查者的身份

  C. 分析结果的发表方式   D. 回答问题的指导语

60. 社会工作研究者将 30 名失业者分为 A、B 两组，使用 5 分制的自信量表对两组人员进行测量，A 组和 B 组的平均得分分别是 2.8 分和 2.9 分。然后，研究者安排 A 组人员参加就业培训，B 组人员不接受任何训练。两个月后再次测量，A 组和 B 组平均得分分别是 4.0 分和 3.0 分。该社会工作研究者使用的研究设计是（　　）。

　　A. 前后测控制组设计　　　　　　B. 评估设计

　　C. 单后测控制组设计　　　　　　D. 方案设计

二、多项选择题（共 20 题，每题 2 分。每题的备选项中，有 2 个或 2 个以上符合题意，至少有 1 个错项。错选，本题不得分；少选，所选的每个选项得 0.5 分）

61. 根据助人自助的理念，在某个家庭面临贫困时，社会工作者的服务内容包括（　　）。

　　A. 帮助该家庭分析导致贫困的原因

　　B. 协助该家庭形成应对贫困的策略，并掌握好缓解压力的方法

　　C. 配合该家庭采取应对贫困的行动，并协助其认识家庭自身的潜能

　　D. 鼓励该家庭看到行动的成效，并提出自己的后续服务方向

　　E. 为该家庭提供一切经济援助

62. 下列社会工作专业实践活动中，体现社会工作价值观操作原则的有（　　）。

　　A. 将服务对象看成工作中的重要伙伴

　　B. 工作中应当认同服务对象的价值观

　　C. 使用统一的服务方法回应服务对象的需要

　　D. 向服务对象提供必要的信息

　　E. 代替服务对象作决定

63. 随着网络文化的迅速发展，各类短视频平台受到人们的喜爱，诗阿姨的娱乐方式也不再是看电视，而是刷短视频。她还关注网络主播，购买主播推荐的产品，改变自己的穿衣搭配风格，并上传展示自己日常生活的短视频。她觉得中老年人也和年轻人一样，可以打扮自己、展示自己。上述诗阿姨的变化，体现了大众传媒对人类行为的影响有（　　）。

　　A. 强化人们固有观念和行为　　　　B. 改变人们原来的行为模式

　　C. 促使人们改变原有的观念　　　　D. 提供信息引导人们的行为

　　E. 形成社会规范并约束行为

64. 根据马斯洛的需要层次论，下列需要中，属于归属与爱的需要的有（　　）。

　　A. 自信心　　　　　　　　　　　　B. 成就感

　　C. 对家人的关心　　　　　　　　　D. 宗教信仰

　　E. 有知心的朋友

65. 阿美 35 岁时经人介绍嫁给了同龄的丈夫，婚后 4 年生下女儿妞妞，但她的丈夫一直想要儿子传宗接代，对妻女漠不关心。阿美身体不好，便辞职在家专心照顾孩子，全家生活开支都依靠丈夫的工资。女儿出生半年以来，丈夫常常愁眉不展，尤其是半夜听到妞妞的哭闹声，就会大发雷霆摔东西，并对阿美破口大骂。看着弱小的女儿，阿美整日担惊受怕，情绪也很不稳定，感到非常无助。根据中年阶段的主要特征，阿美面临的主要问

题有（　　）。

  A. 因孩子营养不良产生愧疚感　　B. 丈夫出现的更年期综合征
  C. 家庭负担重及身心压力增大　　D. 来自丈夫的家庭暴力行为
  E. 焦虑抑郁不安等情绪的困扰

66. 小张因交通事故导致下肢瘫痪，妻子要求离婚，小张情绪极度低落。社会工作者协助小张接受康复治疗，联系相关部门改造其家中的厨房和卫生间设备，组织志愿者上门服务，同时请临床心理学家对其进行辅导。社会工作者在上述过程中，运用的个案管理实施原则包括（　　）。

  A. 专业合作原则　　B. 服务协调原则
  C. 资源整合原则　　D. 效益优先原则
  E. 循序渐进原则

67. 为了帮助服务对象顺利面对服务工作的结束，社会工作者应当（　　）。

  A. 预先告知服务对象结束的时间　　B. 安排服务活动
  C. 巩固服务对象认识的改变　　D. 将自己的家庭地址告诉服务对象
  E. 鼓励服务对象表达结案时的情绪

68. 王先生向社会工作者表示自己因生意失败，情绪低落、脾气暴躁。此时，社会工作者所做的工作应包括（　　）。

  A. 了解服务对象的求助愿望　　B. 增强服务对象的信心
  C. 初步评估服务对象的问题和需要　　D. 收集资料
  E. 与服务对象签订协议

69. 社会工作者小杨计划暑假期间，在社区服务中心针对小学生开办一期培训班，希望了解各方面的要求，如孩子的兴趣、家长的期望等，于是成立了工作小组，制订了工作计划。该小组工作计划书的内容框架应包括（　　）。

  A. 小组的特征　　B. 机构宗旨
  C. 组员　　D. 需要的资源
  E. 评估方法

70. 服务对象老陈年轻时因交通肇事被判入狱，丢了工作，妻子离家出走。现在老陈和儿子靠打零工和低保金维持生活，父子关系紧张。某次面谈中，社会工作者用引导性技巧与老陈一起探讨过往的经历。下列社会工作者的回应中，体现引导性技巧的有（　　）。

  A. "您刚才说的意思是，妻子离开了，对您打击很大，是吗？"
  B. "关于以前的工作和婚姻遭遇，您这次最想谈的话题是什么呢？"
  C. "依您目前的情况，建议您参与我们社区举办的亲子工作坊。"
  D. "您好几次提到要改善与儿子的关系，但好像都没有实际行动。"
  E. "您刚才讲入狱对您的影响，是包括工作和家庭这两个方面吗？"

71. 某社区发动居民参与环境保护主题月活动，当居民以参与人数太少为由拒绝的时候，社会工作者可以采取（　　）方式对居民进行说服。

  A. 熟人参与　　B. 减少参与代价

C. 互相帮助
D. 赞赏对方
E. 体谅他人

72. 在一次督导会谈中，督导者老郭询问社会工作者小金有何职业规划，小金回答说自己想积累不同领域的服务经验，将来也想成为老郭这样的督导。老郭告诉小金，这一想法非常好，希望小金边做服务边对标督导者要求做充分准备。根据《社会工作督导指南》（MZ/T 166—2021），下列条件中，符合社会工作督导者要求的有（　　）。

A. 服务领域 3 年以上实务经验
B. 具备社会工作从业资格
C. 每年接受不少于 60 学时的继续教育
D. 掌握开展督导的方法和技巧
E. 掌握所督导领域的专业知识和政策法规

73. 社区工作的社会策划模式注重自上而下的改变，其特征包括（　　）。

A. 社区居民在收集资料和分析社区问题时起主导作用
B. 社会工作者在决定方案时起主导作用
C. 社会工作者运用专业知识推动社区改变
D. 社区居民参与对社区需求的分析与界定
E. 社会工作者无须考虑居民的意见和看法

74. 社会工作者小赵在主持居民会议的过程中，听到周先生评价社会工作者时说："他们做得都挺好的。"小赵说："谢谢您这么肯定我们的工作，那您说说具体好在哪里呢？"在会议过程中，小赵运用的技巧包括（　　）。

A. 邀请发言
B. 转述
C. 进一步说明
D. 聚焦
E. 鼓励

75. 社区社会工作者老张负责社区社会组织培育和管理工作。社区环保志愿服务队队长吴大爷反映，最近部分志愿者参与热情降低，尤其是指导垃圾分类的志愿者抱怨，一些居民虽经多次指导但仍然"旧习不改"，还经常说志愿者多管闲事。为此，老张决定对志愿者进行团体督导，并与吴大爷商量定期举办志愿者服务经验分享会，其目的有（　　）。

A. 疏导因服务而产生的负面情绪
B. 监测评估志愿服务质量和效果
C. 增强自我功能并协助建立自信
D. 了解居委会对志愿服务的期待
E. 激励和维护志愿者的工作士气

76. 良好的实验研究设计，有助于研究者对影响因果关系的因素进行有效控制。以下关于实验设计的说法，正确的有（　　）。

A. 简单时间序列设计不要求有控制组
B. 标准实验设计都应有前测和后测
C. 非对等控制组设计可以只有后测
D. 标准实验设计都拥有实验组和控制组
E. 所有实验设计都应有自变量和因变量

77. 以下关于人类需要层次的说法，正确的有（   ）。
    A. 阿尔德弗尔的 ERG 理论不强调需要层次的顺序
    B. 马斯洛认为只有基本满足了低级需要后才会产生高级需要
    C. 高夫和多亚尔把需要分为基本需要和发展需要
    D. 成长需要相当于关系需要
    E. 基本需要包括身体健康和自主两个方面

78. 地区发展模式与社区照顾模式的共同点有（   ）。
    A. 关注社区共同性问题
    B. 协助服务对象正常融入社区
    C. 过程目标的重要性超过任务目标
    D. 注重发展社区资源，建立互助关系
    E. 坚信社区自身有解决问题的责任与能力

79. 以下属于个案研究特征的有（   ）。
    A. 个案研究是只针对个人或家庭的研究
    B. 个案研究采取多样化方法收集资料
    C. 个案研究是对事物深入细致的全方位研究，旨在寻找问题产生的原因，并提出解题方法
    D. 个案研究的研究步骤甚为严格
    E. 个案研究重在突出研究的"对象"维度

80. 以下关于行动研究的说法，正确的有（   ）。
    A. 研究者不一定是行动者，研究者可以在行动之外进行研究
    B. 研究者可以具备双重身份，既是研究者同时也是行动者
    C. 行动研究是社会工作研究特有的方法
    D. 研究者与被研究者是合作伙伴关系
    E. 行动研究注重研究结果的应用性，将研究结果用于进一步指导下一步的研究

考前冲刺试卷（六）

一、单项选择题（共60题，每题1分。每题的备选项中，只有1个最符合题意）

1. 以下关于专业社会工作的说法，正确的是（   ）。
    A. 专业社会工作的主要载体是居民委员会
    B. 专业社会工作的主要任务是志愿者动员
    C. 专业社会工作的主要服务对象是困难群体
    D. 专业社会工作的主要方法是思想政治教育

2. 社会工作者小张向督导者老刘讲述自己服务的个案情况，服务对象因吸毒被处罚

后不知悔改，半年后复吸被责令社区戒毒。小张介入后，严格按照社区戒毒的相关规定，对其进行定期回访，跟踪并督促其完成每月的尿检任务，但服务对象多次不配合，对小张存在抵触情绪也不愿意接受其服务。从个别督导的角度看，老刘最适宜的做法是（　　）。

A. 给出示范，让小张学会劝导服务对象遵守规定的技巧
B. 给出评价，肯定小张严格地执行社区戒毒规定的行为
C. 提出疑问，让小张说明和分析服务对象的问题和需求
D. 提出建议，让小张向辖区派出所和社区如实反映情况

3. 社会工作者在观察社区环境和走访居民的过程中，发现社区服务场所的无障碍设施未达到政策规定的标准。根据社区需要类型的划分，上述情形反映的需要属于（　　）需要。

A. 规范型　　　　　　　　B. 感觉型
C. 表达型　　　　　　　　D. 比较型

4. 某地区遭遇洪水袭击，很多房屋被冲毁。有关部门决定将部分无家可归的受灾群众暂时安排到其他地区生活。社会工作者发现这些群众不习惯新居住地的生活，也听不懂当地的方言，这说明在开展服务时未着重考虑（　　）。

A. 为服务对象提供生活照顾　　　　B. 为服务对象争取更多资源
C. 做好服务对象的思想工作　　　　D. 评估服务对象需要

5. 我国经济发展已进入新常态，党中央十分关注改善民生、调整产业结构、培育发展新动能。近年来，政府工作报告中多次提出要发展专业社会工作，我国的社会工作面临新的发展机遇。下列最能反映社会工作作用的是（　　）。

A. 社会工作对产业结构调整具有重要作用
B. 社会工作对社会治理创新具有重要作用
C. 社会工作对于新发展动能培育具有重要作用
D. 社会工作对于我国的文化建设具有重要作用

6. 在个案工作和小组工作中，社会工作者扮演的基本角色是（　　）。

A. 服务提供者　　　　　　B. 行政管理者
C. 资源整合者　　　　　　D. 实务研究者

7. 盈盈找到社会工作者小华希望得到帮助，盈盈的父亲正在监狱里服刑，她从来都不愿与别人谈起父亲，担心别人会因此而取笑她。家里唯一的经济来源就是母亲做家政辛苦赚到的一点儿钱，可是最近母亲因为劳累过度生病了，而她还在读书，家里的生活越来越困难。针对盈盈家里的情况，小华正确的做法是（　　）。

A. 与盈盈沟通，共同商讨解决问题的办法
B. 在学校发动募捐，号召老师和同学们共同帮助盈盈渡过难关
C. 与学校沟通，向学校申请减免盈盈的学费
D. 与盈盈的老师和同学沟通，请他们关心和帮助盈盈

8. 社会工作者小王服务的社区有部分少数民族居民，小王的督导建议他阅读一些有关民族、宗教方面的专业图书。督导的建议主要体现了社会工作专业服务对社会工作者

(　　)的要求。

  A. 技术能力   B. 文化能力

  C. 心理素质   D. 继续教育

9. 外展社会工作者小汤在天桥上遇到了夜不归宿的青少年许某，小汤希望许某能够和自己回到青少年发展中心，许某却说我的人生我做主，不需要你管，坚决不理会小汤的热心。此时，小汤最恰当的做法是（　　）。

  A. 动之以情，晓之以理，继续劝说许某

  B. 强行将许某带回青少年发展中心

  C. 给许某父母打电话

  D. 告知许某有需求可以联系自己

10. 晶晶是某医院的社会工作者，在她的服务对象中，有一位老人彭大爷是癌症晚期患者。彭大爷因为不愿意看着家人为了自己没有希望的病再继续花钱，也不愿再忍受病痛的折磨，于是向晶晶咨询关于安乐死的问题。此时，晶晶应遵循（　　）。

  A. 注重为服务对象保密的原则   B. 保护生命原则

  C. 对服务对象的接纳原则   D. 注重个别化原则

11. 服务对象钱大爷向社会工作者抱怨："为什么你们给老李联系了志愿者，却没帮我联系？老李哪儿比我强了？"社会工作者解释说："钱大爷您消消气，我们帮李大爷联系志愿者是因为李大爷腿脚不利索，李大爷要是像您这样走路一阵风、身体倍儿棒的，也就不需要志愿者了。"上述对话中，体现出的伦理问题处理原则是（　　）原则。

  A. 保护生命   B. 自由自主

  C. 差别平等   D. 最小伤害

12. 根据弗洛伊德精神分析理论，4岁的小强处于人格发展阶段的（　　）。

  A. 口唇期   B. 肛门期

  C. 性器期   D. 生殖期

13. 某小区北面有一大片空地，过去一年不断有人往这片空地偷倒建筑和生活垃圾，暴露的垃圾堆一度达到两层楼高，遇到刮风，尘土四起，严重影响了附近居民的正常生活。社会工作者小黄通过发动社区资源、动员居民参与等多种方式，该问题得到初步解决。小黄最近撰写了工作小结，对资源投入和分配进行了反思，分析了存在的问题，提出了改进方法。小黄的社区工作小结属于评估类型中的（　　）评估。

  A. 成果   B. 效益

  C. 过程   D. 满意度

14. 小宇今年7岁，是小学一年级的新生，进入小学后，小宇很快就适应了学校的环境，与同学和老师相处得很好，学习成绩也很优秀。根据埃里克森的人类发展阶段论，小宇在这一阶段的任务是（　　）。

  A. 学习重要的知识、技能和生存技巧，勤奋感超越自卑感

  B. 在怀疑和羞怯中发展独立性

  C. 发展自我同一性

D. 不断尝试新的事物，克服内疚，建立自信心

15. 大学新生小丽有 30 名同班同学，只有她骨瘦如柴，体重远低于正常标准，但她还以此为美，不肯吃饭，每天只吃 1~2 个水果，喝少量白开水。根据（　　），这是一种异常行为。

　　A. 统计学标准　　　　　　　　B. 社会规范与价值
　　C. 行为适应性　　　　　　　　D. 个体主观体验

16. 服务对象小唐有着非常严重的社交恐惧症，每当他来到人多的场合，就会感觉到浑身不舒服。社会工作者询问了小唐成长过程中的重要影响事件，周围他人对小唐的影响等，据此分析过去经历对小唐当下的影响。这属于心理社会治疗模式中的（　　）。

　　A. 心理动力反思　　　　　　　B. 人格发展反思
　　C. 现实情况反思　　　　　　　D. 缘由诊断

17. 为了帮助小雯更快适应幼儿园生活，小雯妈妈扮演幼儿园老师，与小雯玩"快乐幼儿园"的游戏；小雯爸爸叮嘱女儿见到老师和同学要主动问好，告诉她过马路一定要遵循交通信号灯的指引。小雯父母的上述行为，主要体现的家庭功能是（　　）。

　　A. 社会化　　　　　　　　　　B. 繁衍后代
　　C. 情感支持　　　　　　　　　D. 经济支持

18. 社会工作者小康为社区的单身男女青年举办了一场剧本杀情感主题小组活动，目的是让组员开放、平等的沟通交流，搭建换一个彼此熟识的平台。小康最有可能运用的小组工作模式是（　　）。

　　A. 治疗模式　　　　　　　　　B. 社会目标模式
　　C. 互动模式　　　　　　　　　D. 发展模式

19. （　　）认为，如果人们的思考、信念、自我告知和评估是理性的，则情绪是正常的；相反，如果人们的思考、信念、自我告知和评估是非理性的、扭曲的，则人们会逐渐发展出不正常的情绪、情感和行为。

　　A. 巴甫洛夫提出的经典条件反射学说
　　B. 艾利斯提出的"ABC 情绪理论框架"
　　C. 弗洛伊德创造的精神分析理论
　　D. 鲍尔拜提出的依附理论

20. 小卢自父母离婚之后，脾气暴躁，时常和同学发生争执，老师难以调解，小卢逐渐被同学排斥，老师对他的行为不满，爸爸经常责骂他。社会工作者运用系统理论对小卢的问题进行分析得出，小卢的问题是（　　）。

　　A. 早期生活经历引起的　　　　B. 身心问题与环境问题共同造成的
　　C. 认知上出现了问题造成的　　D. 行为出现偏差引起的

21. 初中生小辉是一个内向的孩子，父亲对他的期望一直很高，对他管教很严厉。小辉学习上稍一出错就会遭到父亲的严厉批评，甚至打骂。父亲经常会骂他笨，干什么都不行，经常对他表现出很失望的样子。在与社会工作者的交谈中，小辉也觉得自己笨，什么都不会。社会工作者依据（　　）理论，帮助小辉分析，让他意识到，实际上并不是小辉

笨，而是他经常遭受父亲的否定性评价，致使他自己也认为自己笨。社会工作者决定从改变小辉父亲的看法做起，帮助小辉走出困境。

  A. 认知行为   B. 精神分析

  C. 增强权能   D. 人本主义

22. 初中生小敬很少在人多的场合说话，他本身说话有点口吃，而且又觉得自己讲得不好，别人一定会取笑他，因此每次上课他都坐在后面不发言，不得不发言时，他会紧张不安。从认知行为治疗模式看，小敬的问题源于（　　）。

  A. 认知、行为和情绪三者之间的相互影响

  B. 他幼年时创伤经历

  C. 他的非理性信念

  D. 朋辈群体和老师

23. 小费幼年时母亲病逝，之后一直与父亲相依为命，初中时父亲也因车祸离世，只能由80岁的奶奶照顾。因缺乏管教，小费结识了一些"小混混"，偶尔小偷小摸，在学校还经常与其他同学发生冲突。社会工作者小汪了解情况后，对其问题进行诊断，分析出他的行为问题与其生活经历相关。小汪运用的诊断方式属于（　　）。

  A. 心理诊断   B. 缘由诊断

  C. 人格诊断   D. 分类诊断

24. 社会工作者小刘负责推进本社区垃圾分类项目。有的居民认为很有必要，积极支持；也有的居民觉得这就是形式主义，态度敷衍。根据地区发展模式，在这种情况下，小刘最适宜采取的实施策略是（　　）。

  A. 召开座谈会，让居民充分表达自己的想法

  B. 报告居委会，自上而下推动垃圾分类

  C. 邀请环保专家给居民做垃圾分类讲座

  D. 自行制定垃圾分类方案，供居民参考

25. 个案工作服务计划的内容不包括（　　）。

  A. 服务双方应有的权利和义务   B. 服务对象的基本情况

  C. 服务计划的目标   D. 联系方式

26. 某电台主持人来到社会工作服务机构求助，诉说他所面对的种种压力。社会工作者回应说："看来你的压力都和工作有关啊……"此时，社会工作者采用的会谈技巧是（　　）。

  A. 同理   B. 倾听

  C. 鼓励   D. 摘要

27. 高三学生小明出现焦虑、失眠、学习效率下降等问题。社会工作者小刘经过初步评估，首先运用放松练习的技术，减轻小明的心理焦虑。小刘在上述服务中扮演的专业角色主要是（　　）。

  A. 教育者   B. 治疗者

  C. 使能者   D. 协调者

28. 社区社会工作者老齐在走访社区高龄老人时，发现85岁的秦爷爷有一个22岁的孙子小兵赋闲在家。秦爷爷悄悄告诉老齐，小兵游手好闲，还抽烟吸毒，家人都拿他没办法，请老齐帮助小兵。在与小兵耐心细致地沟通交流后，老齐证实了秦爷爷的说法。针对上述情况，老齐恰当的做法是（　　）。

　　A. 评估小兵问题的严重性　　B. 告诉秦爷爷让他自己解决此问题
　　C. 为小兵拟订服务计划　　D. 将小兵转介给禁毒社会工作者

29. 个案管理的运作具备双重功能，分别是经过各项服务的协调实现服务的合理配置和（　　）。

　　A. 强调服务的效率
　　B. 能充分运用服务对象所拥有的全部资源
　　C. 处理方式有弹性，能按事情的变化而修改处理的方法
　　D. 对服务对象的能力、需求和其他状况有充分的了解和掌握

30. 社会工作者小李针对某小区居民的实际情况，拟开展一个社区骨干小组能力提升活动，以提升他们推动社区建设的责任意识、参与意识和行动能力。为此，小李最适宜采用的小组工作模式是（　　）。

　　A. 发展模式　　B. 互动模式
　　C. 治疗模式　　D. 社会目标模式

31. 在小组工作的开始阶段，组员的一般特点是（　　）。

　　A. 焦虑、挣扎、防卫和抗拒　　B. 沉默、被动、谨慎和试探
　　C. 信任、安全、温暖和希望　　D. 悲伤、失落、逃避和退化

32. 社会工作者小林带领组员讨论克服拖延症的有效方法，组员们积极分享经验并提出各种建议，其中有几名组员对某些方法的有效性看法不同并发生争执。为此，小林组织组员进行了深入讨论。在讨论的最后阶段，小林运用了讨论结束的技巧。下列做法中，属于讨论结束技巧的是（　　）。

　　A. 保持中立，劝组员不要争执
　　B. 归纳各方的意见和建议，形成结论
　　C. 引导组员重述各自的想法，澄清观点
　　D. 运用"此时此地"的技术，让组员表达自己的感受

33. 在小组工作过程中，组员相互之间交流频繁，小组凝聚力大大增强，组员对小组充满信心，小组内冲突减少，关系稳定。这是小组工作（　　）阶段的特点。

　　A. 开始　　B. 转折
　　C. 成熟　　D. 结束

34. 社会工作者为家长开设了一个帮助孩子度过青春期的教育小组。在一次小组讨论中，王女士滔滔不绝地讲："我太倒霉了，本来工资就低，丈夫摔伤花了不少医药费，孩子又不听话，真是心烦。"听到王女士的叙述，其他组员纷纷回应，诉说自己的经历。看到这种情况，社会工作者说："刚才大家都谈了自己的处境，但我们今天主要讨论的是如何帮助孩子顺利度过青春期，咱们先说这个问题好吗？"此时，社会工作者运用的技巧是

( )。

  A. 引导   B. 鼓励

  C. 中立   D. 澄清

35. 社会工作者小于为大学新生开设了大学生活适应小组。在小组中，小于设计了"说出我的故事"分享环节，但多数组员沉默不语。为此，小于运用适当自我表露技巧来与组员建立信任关系，促进组员表达。小于的下列表述中，能体现出运用了该技巧的是（ ）。

  A. "刚才有组员提到第一次离开父母可能不太适应，其他人有这样的感觉吗？"

  B. "我刚进大学时也曾有一段时间不适应，饮食不习惯，也不太喜欢我的专业。"

  C. "小李第一个发言，分享了他与宿舍同学相处的问题，让我们送给他一些掌声。"

  D. "经过刚才的讨论，我们知道大家在生活、学习等方面都存在不适应的问题。"

36. 社区工作过程中，社会工作者关注社会变迁中困难群体被忽视的权利，注重从现存社会结构、社会制度和社会政策等方面寻找问题的症结。这体现了社区工作（ ）的特点。

  A. 善于批判反思   B. 推动社会行动

  C. 增强社区意识   D. 培养社区关怀

37. 某市正开展精神残障人士社区康复服务，选择处于"稳定期"的中度精神残障人士作为服务对象，并由专业精神康复师和社会工作者进行居家康复指导，组织社区康复活动。这种工作模式的特点是（ ）。

  A. 强调用非正规照顾替代正规照顾

  B. 以社区康复完全取代机构康复为目标

  C. 政府不必继续承担提供资源和服务的责任

  D. 强调动员社区内的资源为服务对象提供照顾

38. 某"村改居"社区存在电动自行车失窃、入室偷盗等问题。该社区居委会的社会工作团队经过多次研讨，决定采用社会策划模式开展工作。针对这一治安问题，从社会策划模式的实施策略角度看，该团队首次开展工作时，最先应该做的是（ ）。

  A. 评估社区居委会组织的优点和不足

  B. 了解受到治安问题影响的居民人数

  C. 预估上级政府能够提供的财政支持

  D. 了解社区居委会的工作使命和目标

39. 为了让社区残障儿童得到更好的照顾，社会工作者小陈设计了"同在蓝天下，追梦共成长"的服务计划书。通过向有关政府部门申请，小陈得到了10万元的经费支持。小陈在此过程中扮演的角色是（ ）。

  A. 倡议者   B. 治疗者

  C. 使能者   D. 辅导者

40. 社会工作者小欧开设了以预防网络暴力为主题的教育小组，并运用了多种小组评估方法。下列资料中，适用于小组过程评估的是（　　）。

　　A. 组员上网时长变化记录表　　B. 组员行为改变的自我评估报告

　　C. 组员和小组的目标实现表　　D. 小组结束后跟进访谈记录资料

41. 某社会工作服务机构初次进入社区开展居家养老服务。为了加强与社区其他组织的交往，该机构适宜的做法是（　　）。

　　A. 在做出一定成绩后再加强与其他组织交往

　　B. 主动邀请其他组织参加本机构举办的活动

　　C. 与其他组织交往时需确保本机构利益的最大化

　　D. 与其他组织合作时通过口头承诺界定各方责任

42. 社区社会工作者小孙与某残障机构合作开展活动，邀请附近居民志愿者到访残障机构，并安排社区青少年与残障机构服务对象开展互动，分享交流各自的学习生活。小孙的上述做法，体现了社区照顾模式特点中的（　　）。

　　A. 协助服务对象融入社区

　　B. 强化政府的社会责任

　　C. 注重任务目标的实现

　　D. 工作过程中社会工作者扮演着专家的角色

43. 社会工作者小李正在策划一个失独家庭服务项目，准备申请政府资助。小李在准备该项目服务方案时，正确的步骤是（　　）。

　　A. 服务评估→问题认识与分析→目标制定→方案安排

　　B. 目标制定→问题认识与分析→方案安排→服务评估

　　C. 方案安排→问题认识与分析→目标制定→服务评估

　　D. 问题认识与分析→目标制定→方案安排→服务评估

44. 在社会服务方案策划中，影响性目标是社会工作干预后所要达到的目标。下列服务目标中，属于影响性目标的是（　　）。

　　A. 在2个月内为8名青少年评估认知状态

　　B. 安排3名志愿者学习相关评估技术

　　C. 服务5个月后缓解7名残障人士的抑郁程度

　　D. 招募不少于5名社区骨干协作进行探访

45. 某社会工作服务机构培育了一支志愿服务队为社区残障人士提供服务。为提升服务成效，社会工作者进行了志愿者人力资源管理。下列做法中，属于"控制"职能的是（　　）。

　　A. 加强对志愿者投身服务和奉献社会事迹的宣传

　　B. 召开座谈会，商讨志愿者团队的年度培训方案

　　C. 建立志愿服务的多项评估指标，定期开展成效评估

　　D. 梳理机构对志愿服务的需求，了解志愿者参与动机

46. 某社会工作服务机构总干事老高在机构年度报告中，就机构理事会、监事会调整事宜向职工代表大会进行汇报说明。老高的做法属于（　　）。

A. 政治交代　　　　　　　　B. 专业交代

C. 服务交代　　　　　　　　D. 行政交代

47. 社会工作者小张刚参加工作不久，在一次带领小组过程中，有组员抱怨参加小组没能解决实际困难，这令小张很挫败。从支持性督导的角度出发，小张的督导者最适宜的做法是（　　）。

A. 教导其厘清与组员的价值冲突，建立信任关系

B. 支持其参加情绪管理培训课程，预防职业倦怠

C. 鼓励其提升人际沟通技巧，解决冲突问题

D. 教授其解决问题的方法

48. 在某社区服务中心工作的社会工作者小李上周拜访了某餐饮连锁公司公关部，希望该公司资助服务中心举办社区健康教育宣传活动。公关部主管表示可以考虑，但要求在活动开展时派发该公司的订餐宣传单。这反映出该企业资助的最主要动机是（　　）。

A. 市场营销　　　　　　　　B. 公共关系

C. 社区联谊　　　　　　　　D. 社会责任

49. 某社会工作服务机构最近发表了2024年年度报告，其中包含了机构履行社会责任和义务的情况、年度服务项目开展及社会工作者的工作表现、年度财务报告等内容。根据社会工作服务机构公信力展现的多元交代要求，该机构需在年度报告中补充的内容是（　　）。

A. 专业交代　　　　　　　　B. 服务交代

C. 行政交代　　　　　　　　D. 政治交代

50. （　　）的督导者是被督导者的上级或主管，具有"上司与下属"的关系。

A. 咨询式督导　　　　　　　B. 师徒式督导

C. 训练式督导　　　　　　　D. 管理式督导

51. 社会工作者小林在为某困境儿童进行家庭服务时发现，孩子的奶奶因为小林没有给予她家物质帮助，对他十分冷淡，甚至恶语相向，还不断投诉他，导致小林在社区开展工作时困难重重。小林觉得自己不被理解，很委屈，向督导者老张求助。老张帮助小林分析了孩子奶奶的个人成长历程、情绪和认知状况，讲解了如何与服务对象建立专业关系的方法和技巧。从教育性督导的角度看，老张教导的是（　　）。

A. 工作过程知识　　　　　　B. 社会问题知识

C. 情绪管理方法　　　　　　D. 时间管理方法

52. 处理"非自愿型服务对象"和服务对象过度依赖问题，属于社会工作者所面临的（　　）。

A. 来自服务对象的压力　　　B. 来自服务机构的行政压力

C. 来自工作的压力　　　　　D. 来自社会对社会工作认识的压力

53. 徐某刚开始担任社会工作者小张的督导，他约小张面谈，想要了解小张的工作情况和以往的工作经验，与小张讨论遇到的问题并寻求解决问题的办法。在这个阶段，徐某最重要的任务和技巧是（　　）。

A. 相互熟悉和相互契合　　　　　B. 相互信任和分享感受
C. 解释疑惑和归纳总结　　　　　D. 经验分享和同感

54. 督导者老王通过教导，让新录用的社会工作者小刘能够"自我觉醒"、可以自主地思考一些事情，并借此确保被督导者对专业问题的反思不会影响服务对象与社会工作者之间的协助关系。老王的教导属于教育性督导内容中的（　　）。
A. 教导有关"工作者本身"的知识
B. 教导有关"社会工作服务机构"的知识
C. 教导有关"服务对象群"的特殊知识
D. 提供专业性"建议和咨询"

55. 社会工作服务机构领导与其他机构领导相比，较多使用（　　）来影响员工工作。
A. 权力和权威　　　　　　　　　B. 指导和诱导
C. 奖赏和报酬　　　　　　　　　D. 批评和惩罚

56. （　　）访问需要事先准备访问纲要，在实际访问时依情境决定问题次序及字句，有助于系统性整理，但一些重要且突出的议题可能被排除。
A. 直接性　　　　　　　　　　　B. 引导式
C. 标准化开放式　　　　　　　　D. 非正式会话式

57. 以下关于定量研究的说法，正确的是（　　）。
A. 定量研究的研究者被研究对象视为自己人
B. 定量研究一般运用标准化的方法收集资料
C. 定量研究的内容可以根据情况灵活变化
D. 定量研究主要以建构主义为方法论基础

58. （　　）是服务对象获得有效服务的保证，也是社会工作者改进个案工作的前提。
A. 转介　　　　　　　　　　　　B. 计划
C. 追踪　　　　　　　　　　　　D. 评估

59. 社会工作者小陈对新获取的访谈资料进行分类、归纳，将访谈资料系统化，并进行编码。小陈的工作所处的研究阶段是（　　）。
A. 资料记录　　　　　　　　　　B. 资料整理
C. 资料收集　　　　　　　　　　D. 研究总结

60. 实验设计是一种典型的定量研究方法，旨在对影响因素进行控制，常用的方式有标准实验设计、准实验设计等。以下属于标准实验设计的是（　　）。
A. 单后测控制组设计　　　　　　B. 非对等控制组设计
C. 简单时间序列设计　　　　　　D. 实地实验

二、多项选择题（共 20 题，每题 2 分。每题的备选项中，有 2 个或 2 个以上符合题意，至少有 1 个错项。错选，本题不得分；少选，所选的每个选项得 0.5 分）

61. 社会工作者大安突然接到社区工作人员的电话，说张婶家的女儿圆圆站在楼顶上欲轻生，请他到现场帮忙制止。大安赶到现场，一边用专业技巧安抚圆圆的情绪，一边让围观居民不要喊叫，以免刺激到圆圆。通过大安的安抚，圆圆的情绪逐渐稳定下来。大安的做法反映出社会工作者应具备的心理素质有（　　）。

　　A. 有同情心又能理性分析和处理问题

　　B. 指导服务对象修正偏差行为的能力

　　C. 与服务对象一起处理好问题的能力

　　D. 可与服务对象进行良好沟通的能力

　　E. 既充满信心又能冷静应对危机情境

62. 个案管理是介于社会工作直接服务与间接服务之间的一种整合性服务方法，以下关于个案管理与个案方法区别的说法，正确的有（　　）。

　　A. 个案管理者通常被期待成为一个专才，而不是通才

　　B. 个案管理者一般具有整体的观念，以个案为中心整合不同的服务提供者，其功能在于促进机构间、专业间的合作

　　C. 个案工作的许多技术都不适合个案管理使用

　　D. 个案工作者以直接服务的角色为主，通常扮演使能者和咨询者

　　E. 个案管理对问题的解决大多采取间接服务的方式

63. 社会工作者小黄为服务对象小张提供服务。在个案工作进入结案阶段时，小张出现了分离焦虑，此时，社会工作者适宜的做法有（　　）。

　　A. 增加机构会谈或家访的次数　　　B. 鼓励服务对象表达结案时的情绪

　　C. 分享服务对象收获的正向经验　　D. 与服务对象共商转介计划

　　E. 探讨结案后的跟进服务

64. 小美因遭受严重的家庭暴力，带着4岁的女儿进入庇护所。随后，小美接到丈夫打来的电话，威胁她必须尽快带孩子回家，小美很害怕。此时，庇护所的社会工作者适当的做法有（　　）。

　　A. 劝小美暂时不要回去　　　　　　B. 舒缓小美的情绪

　　C. 劝小美把孩子送回去　　　　　　D. 与小美共同商量应对策略

　　E. 协助小美寻找社会支持

65. 小王结婚后，夫妻俩都不喜欢做家务，经常为此争吵。最近夫妻俩更是为了是否买车而争吵，甚至要离婚。小王夫妇面临的主要问题有（　　）。

　　A. 角色的转换与冲突　　　　　　　B. 家庭关系调适工作没有做好

　　C. 缺乏沟通技巧　　　　　　　　　D. 解决冲突能力不足

　　E. 家庭经济危机

66. 社会工作者小卫运用增能理论为罕见病病友提供服务，下列做法中，符合环境层次增能的有（　　）。

　　A. 帮助罕见病病友向基金会申请相关医疗补助

　　B. 协助病友向有关部门建议将治疗用药纳入医保

　　C. 组织病友及其家庭成员们参加减压互助小组

D. 帮助病友从自身经历中获得应对困境的能力

E. 邀请病友参加"世界罕见病日"的宣传活动

67. 小明今年上大一，刚从农村来到大城市，他因家境贫困而产生自卑心理，很少与同学交往，害怕别人看不起他。如果运用理性情绪治疗模式，社会工作者应采取的做法有（   ）。

A. 协助小明理解自己的非理性信念与具体的情绪、行为困扰之间的联系

B. 帮助小明分析自己与周围环境之间的互动关系

C. 协助小明对自己的非理性信念进行质疑

D. 帮助小明建立起理性的大学生活方式

E. 引导小明回忆儿时的生活和曾经发生的特别事件

68. 大四学生小陈因感情受挫和就业不顺等压力，产生轻生念头。社会工作者运用危机介入模式帮助小陈，其应采取的介入措施有（   ）。

A. 帮助小陈整理自己的想法和感受

B. 迅速介入并对小陈的当前状况做危险性评估

C. 协助小陈探寻过往的生活经历和感受

D. 为小陈输入希望

E. 缓解小陈的心理压力

69. 社会工作者小何在某社区建设认知症友社区时，注重发挥社区社会组织的作用。经过半年的努力，他最近协助居民登记备案了一个社区社会组织。为了管理该组织，推动其健康发展，小何下一步适宜开展的工作有（   ）。

A. 对组织的长期发展策略进行规划　　B. 对组织的年度服务方案进行设计

C. 对组织成员和工作分配进行统筹　　D. 发现和进一步培养组织的领导者

E. 承担财务工作并负责规范化建设

70. 以下属于非接触性研究方法的有（   ）。

A. 内容分析法　　　　　　　　　　B. 比较法

C. 行动研究　　　　　　　　　　　D. 问卷调查

E. 实验法

71. 以下属于小组工作功能的有（   ）。

A. 运用小组治疗性因素

B. 注重团体的动力

C. 塑造小组组员的平等意识和共同体归属感

D. 创造相互帮助、共同成长的学习机会

E. 打造增能的社会支持网络

72. 在小组中期转折阶段，组员之间的沟通和互动比开始阶段有所增强，但自我肯定、安全感与良好的互动尚未完全实现，组员之间会在价值观、权利位置等方面产生矛盾和争执。这一阶段，小组的常见特征有（   ）。

A. 多数组员认同小组　　　　　　　B. 小组的凝聚力极大增强

C. 组员互动中表现出防卫心理　　D. 角色竞争中存在冲突

E. 小组的关系结构趋于稳定

73. 青年班干部小黄被派驻到某村工作，为了尽快提高当地农民的经济收入，他为当地农民注册成立了一家有机种植合作社。为了培养合作社的骨干，小黄让合作社成员自己完成从种植到销售的一系列工作。在经历了几次失败后，合作社成员的信心备受打击，工作陷入停滞状态。从社会工作价值的角度看，小黄的上述做法中，错误的有（　　）。

A. 替服务对象做决定　　B. 给服务对象太大压力

C. 相信服务对象自身能力　　D. 选择复杂任务作为工作目标

E. 推动服务对象全程参与

74. 社区工作是以社区为对象的社会工作介入方法，其工作的具体目标有（　　）。

A. 提升居民参与意识　　B. 促进居民互助关怀

C. 提高居民收入水平　　D. 挖掘整合资源

E. 增强居民社会责任感

75. 社会工作者小赵帮助社区的糖尿病患者成立了一个自助小组，并请来医生详细讲解糖尿病的发病原理和用药知识，鼓励组员分享控制饮食和用药的经验及感受。小赵所使用的技巧包括（　　）。

A. 联结　　B. 提供支持

C. 体验式学习　　D. 朋辈榜样

E. 正面强化

76. 为了有效控制财务资源，维持机构收支平衡，社会工作服务机构应采取的财务控制措施包括（　　）。

A. 聘请注册会计师核定年度财政报告

B. 指派董事会或理事会审核年度财政报告

C. 制作每个月的财政收支报告

D. 记录每个项目每月的总收入、支出情况

E. 邀请机构长期志愿者审核年度财政报告

77. 社会工作服务机构的资金来源较多。以下属于社会捐助的有（　　）。

A. 张女士以个人名义为F机构捐款2 000元

B. 某食品公司为F机构的儿童助学计划捐款3万元

C. 某基金会为F机构空巢老人心理社会支持项目捐赠10万元

D. 某街道为F机构的养老服务项目提供资金补助1万元

E. F机构通过项目申请方式获得县民政局购买服务项目资金5万元

78. 督导老邱正在为机构新入职的8名社会工作者进行团体督导，以增进他们对机构、同事、工作内容的了解，并帮助他们融入团队。老邱在团体督导会议主持中，宜采用的技巧有（　　）。

A. 倾听团体成员的表达，把握重点

B. 在讨论的每个段落总结并形成结论

C. 直接向团体成员说明和修正共同出现的错误

D. 在最方便时组织和安排督导会议

E. 联结不同观点，并进行比较分析

79. 某社会工作服务机构派遣社会工作者加入某区中心医院组织的临终关怀服务团队，该团队由护士、营养师、社会工作者及各专业的实习生和志愿者组成，任务是为患癌症的临终者提供服务。团队成员在服务过程中常遇到一些专业伦理困境及工作压力问题。此时，该机构督导应承担的督导任务包括（　　）。

A. 加强与团队的沟通和激励

B. 向服务团队介绍相关的社会政策

C. 为志愿者提供相关知识和技术的培训

D. 为团队成员提供心理支持

E. 为各专业实习生分派工作

80. 社会工作硕士研究生小林正在进行农村留守儿童社会工作服务研究。为了使该项研究能够对留守儿童的发展发挥直接功能，小林宜开展的研究内容有（　　）。

A. 留守儿童实务模式的探索　　B. 留守儿童阅读能力的变化

C. 留守儿童福利服务的形成　　D. 留守儿童学习习惯的养成

E. 留守儿童厌学问题的改善

第三部分 考前冲刺试卷参考答案

考前冲刺试卷（一）参考答案

一、单项选择题（共60题，每题1分。每题的备选项中，只有1个最符合题意）

1. B 社会工作发展趋势是从细分到整合，故选项A错误。20世纪中期以后，西方社会工作的服务模式受到多种社会思潮的影响，形成了一些新的模式，如人本主义模式、赋权增能模式、女权主义模式、后现代模式等，从而形成多种理论模式并存、多种工作方法竞相发展的局面，这也是社会工作不断繁荣发展的表现，故选项B正确。西方社会工作不是在政府主导下形成的，故选项C错误。服务对象范围是从特殊困难人群到有需要的普通人，故选项D错误。

2. D 社会工作可以通过专业活动，帮助有困难的人士脱离困境，帮助边缘群体回归主流社会；通过连接人们之间的关系，发展社会支持网络；通过组织互利活动，促进人们之间的相互理解、相互合作；通过共同活动、共享价值，促进社会生活共同体的形成和发展。这些都有利于促进社会团结。选项D"培育入户探访志愿者队伍"直接涉及社会工作者和志愿者与老年人的互动。通过入户探访，不仅可以为老年人提供生活照料和精神关爱，还能加强老年人与社区、社会之间的联系和互动，增进彼此的理解和尊重，符合社会工作"促进社会团结"的目标。

3. B 选项C、D属于社会工作在社会层面的功能。本题中，促进小涵一家与邻居的互动交流，符合促进服务对象与环境的适应。

4. D 社会工作的服务范围不仅局限于个人和家庭，故选项A错误。"助人自助"不是专业社会工作的核心价值，故选项B错误。社会工作价值观可以通过多种方式养成，既可以通过接受专业教育养成，也可以通过从事专业实践养成，故选项C错误。

5. C 在许多情况下，是因为服务对象与周围的人、群体或社会组织没能处理好关系，即他们的人际关系和社会关系失调，而使自己陷入困境。这时，社会工作者要面对不同个人、不同群体之间的矛盾或冲突，承担起协调关系、缓解和处理矛盾的任务。社会工作者希望自己的介入能够促进矛盾、冲突双方的互相沟通和理解，从而缓和、解决矛盾，建立起和谐的关系。这需要社会工作者全面深入地分析问题，谨慎地选择工作方法，策略性地应对问题。本题中，服务对象阿明与工作人员发生了冲突，社会工作者适宜以协调者的身份来协助解决问题。

6. D 新发展阶段我国社会工作的新发展包括：①社会工作深入参与创新社会治理；

②社会工作助力实现共同富裕；③乡镇社会工作服务站建设；④社会工作实践与研究互相促进。

7. C 通常，社会工作者不能与和自己存在利益关系的人员建立专业工作关系。为了避免负面影响，当社会工作者与和自己存在利益关系的人员存在专业工作关系时，社会工作者需要将服务对象转介，但前提是征得服务对象本人同意。

8. B 社会工作伦理决定的决策模式，共计八个步骤，包括：①确认问题或困境；②厘清相关的潜在议题；③检阅相关伦理守则；④了解可运用的法律规章；⑤寻求专业咨询；⑥思考各种可能采取的行动；⑦列举和思考不同决定可能的结果；⑧选择最恰当的行动。本题中，厘清相关的潜在议题属于第二步，下一步应当是检阅相关伦理守则。

9. C 社会工作者对服务对象负有不可推卸的伦理责任，实践活动必须以服务对象的利益为出发点，专业服务要注重体现尊重、保密和公平。具体表现在：尊重并保护服务对象最佳利益，尊重服务对象的自决，保密原则，公平合理的收费。题中"询问王女士是否愿意由自己的同事继续为其提供个案服务"，体现了社会工作者对服务对象的伦理责任中的尊重服务对象自决。

10. C 《全球社会工作伦理原则声明》涵盖了全球社会工作界最基本的伦理原则与伦理议题，具体阐述如下：①承认人类与生俱来的尊严；②促进人权；③促进社会正义；④促进自决的权利；⑤促进参与的权利；⑥尊重保密权和隐私权；⑦把人视为全人；⑧合理使用科技和社交媒体；⑨专业诚信。题中描述的内容符合"促进参与的权利"的内容。

11. D 伦理困境是社会工作者在提供实际服务中遇到的选择困境，并不是工作失误导致的，故选项 A 错误。伦理困境与服务对象的需求是否贴合实际无关，也与社会工作者的学历水平无关，故选项 B、C 错误。根据伦理困境的定义，伦理困境是社会工作者对两种以上共存价值观难以抉择导致的困境，故选项 D 正确。

12. D 差别平等是指每个服务对象都是独特的，面临的问题和需求也是不一样的，因此，应该通过不同的服务方法差异化地对待不同的服务对象。本题中，社会工作者大明根据服务对象不同年龄段的特点设计服务方案，按需调整工作计划，体现了差别平等原则。

13. C 通常情况下，涉及服务对象隐私的信息，社会工作者应为其保密，但在一些特定情况下，则可以打破保密原则，如服务对象的生命安全遭受威胁时，故选项 A 错误。在服务中，社会工作者不能代入个人价值观，更不能用个人价值观衡量服务对象的价值观是否正确，故选项 B 错误。服务对象是独特的、个别化的，开展服务的方法也应因人而异，不能使用统一不变的方法开展服务，故选项 D 错误。

14. B 阿尔德弗尔的 ERG 理论是指人类有三种基本需要：生存的需要、关系的需要和成长的需要。①生存的需要。这类需要关系到人的机体的存在或生存，包括衣、食、住以及工作组织为使其得到这些要素而提供的手段。②关系的需要。这是指发展人际关系的需要。这种需要通过工作中或工作以外与其他人的接触和交往得到满足。③成长的需要。这是个人自我发展和自我完善的需要。这种需要通过发展个人的潜力和才能，使个人得到满足。本题中，小山以同伴志愿者的身份参与到社区组织的"预防复吸，戒除毒瘾"社区宣传活动，体现了小山的需要是关系的需要，故选项 B 正确。

15. B　在服务过程中，社会工作者可能会出现反移情，把对生活中某个重要人物的情感、态度和属性转移到服务对象身上，反移情不是必然发生的，故选项 A 错误。社会工作者应当保护服务对象的隐私，未经服务对象同意或允许，社会工作者不得向第三方透露涉及服务对象个人身份资料和其他可能危害服务对象权益的隐私信息。在特别情况下必须透露有关信息时，社会工作者应向机构或有关部门报告，并告知服务对象有限度公开隐私信息的必要性及采取相关保护措施。如果在紧急情形下，必须打破保密原则而来不及提出报告时，社会工作者事后应当提供相关的证据并补办手续，以记录必要的工作程序，故选项 C 错误。社会工作者应将服务对象的需要放在首位，故选项 D 错误。

16. B　选项 A、C 体现的是人类行为对社会环境的影响，选项 D 体现的是社会环境对人类行为未能产生实质性影响。

17. A　素质教育旨在使每个人都形成相对完整的素质，不仅要向学生传授知识和技能，而且要在更广的领域里全面发展个体的个性与能力。在素质教育模式下，强调教育者的创造精神，教师可以从学校实际出发设计并组织科学的教育教学活动，促使学生在自主活动中将外部教育影响主动内化为自己稳定的身心素质，促进其身心素质得到全面发展。题中"鼓励学生发明创造并参加展览"体现了素质教育教学模式。

18. C　纵向影响主要是指家庭背景和家庭的以往事件对当今家庭成员行为的影响，横向影响主要是指家庭成员间的互动对个体行为的影响。

19. D　在生态系统理论观点看来，人生来就有与其环境互动的能力，能够从环境中获取有用的信息，并且能向环境传达自身的信息，而基因及其生物因素则是人与环境互动的结果。人在其情境中是一个联合的交流系统，人与环境相互影响，形成互惠关系。对于社会工作来说，要理解个人就必须将其置于所生长的环境中，因为个人的人格形成是与其环境长期交互适应的结果。因此，不论是个人的正向发展还是生活过程中出现的问题，都是与其环境密不可分的。

20. C　弗洛伊德精神分析理论认为，个人的问题都源于内在的精神冲突，这些冲突与早期经验有关，并且潜藏于潜意识中，理性无法察觉潜意识的经验。因此，精神分析治疗的目标在于揭示内在冲突的根源，使个人获得自我了解并能洞察和顿悟。

21. D　人本治疗模式强调服务对象有自身的潜能，社会工作者最重要的目标是促使服务对象发挥潜能。

22. D　存在主义理论强调个人生命的意义，强调个人的内在价值，认为包括个人痛苦的经历都是有意义的。社会工作者重点在于帮助服务对象重新理解过去经历的意义，并将过去的生活和经验梳理清楚。社会工作者在与服务对象一起工作的过程中，引导他们发现过往生活中的闪光点并加以肯定，让这些闪光点在现在的生活中重新发挥作用。

23. A　逆向操作就是让服务对象提前面对其所担心的行为或情境，让服务对象的焦虑提前发作，在提前体验焦虑情境的过程中澄清错误认知。这样就可以避免在真实情境中焦虑发作。但必须注意的是，逆向操作不可用于有自杀意图的个案身上。另外，在使用逆向操作时必须事前征得服务对象的同意，且社会工作者必须全程陪同服务对象，不可以安排服务对象自行完成。

24. B 任务中心模式强调社会工作服务要讲求效率，应针对服务对象面对的具体问题实施改变计划，帮助服务对象在一定时间内实现改变。

25. D 生态系统理论强调个人与周围环境的关系，环境被视为一个系统，该系统从微观到宏观可分为不同层次。本题中，运用生态系统理论开展服务，社会工作者首先应了解小王与所处生态系统不同层次间的互动关系。

26. A 想象技巧可以引导服务对象畅想有关自身的各种情况，对可能出现的各种问题进行分析。

27. B 存在主义理论强调，痛苦的经验也是生命的一部分，并且具有积极的意义。社会工作者需帮助服务对象从痛苦的经历中找到其意义。

28. B 澄清：社会工作者引导服务对象重新整理模糊不清的经验和感受。对焦：社会工作者对服务对象偏离的话题或者宽泛的讨论进行引导，将讨论集中于某个焦点。社会工作者可以通过让服务对象自己列出话题或者问题的重要次序来聚焦讨论的焦点。忠告：社会工作者向服务对象指出某些行为的危害性或者必须采取的行为。在提供忠告时，社会工作者可以运用强调的语气，直接指出面临的危害和必须采取的行为，但需要避免强迫服务对象。对质：社会工作者通过直接提问等方式让服务对象面对自己在行为、情感和认识等方面不一致的地方。当服务对象发现自己的行为、情感和认识不一致时，通常会有一些不愉快的感受，社会工作者需要通过对质把服务对象的注意力集中在未来可改变的方面，而不是仅仅关注是谁的责任。本题中，当服务对象小浩说出自己的模糊感受时，社会工作者帮助其澄清和确认，是运用了澄清的会谈技巧。

29. B 从第一次与服务对象接触到完成与服务对象问题有关资料的收集，这一阶段称为心理社会治疗模式的研究阶段。在实际工作中研究阶段不会停留在资料的收集上，在之后的诊断和治疗过程中也会伴随研究。心理社会治疗模式认为，在收集服务对象资料的过程中，只有把服务对象放回到具体的人际交往的情境中，并把服务对象目前的内心冲突与以往的经历联系起来，才能准确揭示服务对象困扰产生的真正原因。

30. C 结构式家庭治疗模式的治疗技巧包括重演、集中焦点、感觉震撼、划清界限、打破平衡、互动方式等。老安让王先生一家将家里真实的冲突场景模拟出来，这就是重演的技巧，目的是让家庭成员呈现出相互交往冲突的过程，了解家庭的基本结构和交往方式。老安也帮助他们厘清每个人在冲突中的表现是如何影响其他家庭成员的，这就是促进互动的技巧，目的是让家庭成员了解相互之间的互动方式，清楚自己是如何影响其他家庭成员的，关注家庭成员之间的互动方式，故选项C正确。

31. B 根据服务对象的情况和第一阶段的会谈，社会工作者确定和服务对象之间开展专业服务，就需要签订协议。在协议中，需要明确列出双方的权利和义务，以确保工作开展的有效性。

32. A 接案阶段最重要的任务就是与求助对象进行接触，使其成为服务对象，与其建立专业关系。

33. B 当小李有了轻生的表示，社会工作者首先应当评估小李自杀的可能性，以降低自杀风险,故选项 B 正确。

34. C 本题中,社会工作者将自己的一些经历和感受讲给服务对象听,使用的是自我表露技巧。

35. B 当服务对象的态度和言行不一致时,社会工作者希望弄清楚服务对象到底是什么情况,使用的技巧就是对质。本题中,服务对象一方面觉得与儿子之间的问题并不都是儿子的错,另一方面又经常动手打儿子,他的想法和他的行为是不一致的。

36. C 本题中,社会工作者在与服务对象交流沟通的过程中,一边聆听,一边鼓励,不断鼓励服务对象敞开心扉,解决思想问题。

37. B 发展模式强调把社区居民组织起来,通过一些活动促进大家的参与,挖掘组员的潜能并促进其能力的发挥。

38. C 小组工作转折阶段,组员之间会出现分化和差异,有些组员希望积极表现,有些组员则不愿多说话,不同组员之间由于观念不同还容易产生冲突。

39. C 在转折阶段,组员之间沟通和互动比小组初期有所增强,但自我肯定、安全感与真诚互动尚未完全实现,组员之间会在价值观、权力位置、角色扮演等方面产生矛盾和冲突。这一阶段组员最常见的特征如下:①对小组具有较强的认同感;②互动中的抗拒与防卫心理;③角色竞争中的冲突。故选项 C 正确。

40. A 本题中,社会工作者教导小组组员学习相关知识和技巧,故该小组属于教育小组。

41. B 小组目标是维系小组组员和开展活动的有效载体,社会工作者应优先考虑小组目标,围绕目标设计活动、开展服务。

42. B 小组规范由组员共同讨论、共同制定,起着维护小组正常开展活动的重要功能。社会工作者在组员出现问题的时候,不得背后议论组员。社会工作者可以采取再次重申小组规范等做法确保工作开展的有序性。

43. A 积极回应技巧是指针对组员在小组中的发言,社会工作者可以利用复述等技巧不断加强与服务对象的交流,并积极回应组员的发言,使组员感受到被理解和被重视。

44. C 对于小组组员话题过多、发言时间太长等问题,社会工作者需要及时提醒并加以限制。

45. C 在小组的后期成熟阶段,社会工作者的一大任务就是帮助组员获得新的认知,再次将认知转变为行动。选项 A、B 属于小组开始阶段适宜设计的活动,选项 D 属于小组中期转折阶段适宜设计的活动。

46. C 小组需求评估是小组工作中最重要的技巧之一。社会工作者必须在小组筹备阶段对小组的需求进行正确评估,从而设计出有效的干预计划。在小组需求评估中,必须考虑的因素有小组整体需求、组员的需求和小组的环境需求,故选项 C 正确。在进行需求评估时,一般需要注意以下几点:第一,利用多种渠道收集资料,以保证资料的客观性和准确性,故选项 D 错误。第二,避免在需求评估中给组员贴上诊断性标签,特别是在使用一些标准化量表时,尤其要注意这一点,故选项 B 错误。第三,明确评估重点,在某些小组中,应该将评估重点放在现在,而在另一些小组中,评估重点既放在现在又关注过去，这完全取决于小组的性质，故选项 A 错误。

47. D 社区工作的过程目标和任务目标是社区工作的两大目标。过程目标强调社会工作者在社区工作的过程，认为只要过程详尽充实，任务就一定会完成。选项 A、B、C 属于结果。

48. D 社会工作者需要在每次会议结束之前进行简单的总结，以强化成果意识，让居民感受到社会工作者工作的成效。

49. B 社会工作者引导居民就"停车难"问题的严重性和紧迫性进行讨论，目的是全面准确界定该问题，以此深化居民对于问题的认识，从而解决问题。

50. D 非正式照顾通常是由服务对象的家人、朋友、邻居来承担的，社会工作者应与服务对象现有的个人网络中的成员接触，尽量动员这些成员提供支持，商议解决问题的办法。当服务对象所拥有的个人网络太小或不能提供足够的支持时，社会工作者应为其发展新的非正式照顾资源，如寻找、培训并分派志愿者为其提供较为长期的服务，推动邻居在危急时提供临时性的、非长期的协助，组织情况相似的服务对象成立互助小组等。

51. B 社会工作督导者应满足以下要求：①具备社会工作从业资格；②具有不少于 5 年所督导服务领域的实务经验；③掌握所督导领域的专业知识技能和有关政策法规；④掌握开展督导的方法与技巧；⑤每年接受不少于 90 学时的继续教育。社会工作督导者不仅需要拥有良好的专业知识和督导技巧，还要有对社会、对专业负责的精神。

52. B 社会工作者小刘把整体问题分解成若干具体问题，使用的方法是分支法。

53. A 社会工作者在项目开展前后分别进行问卷调查，目的是检验服务的效果。通过项目启动前后的对比，评估专业服务对于服务对象的重要作用。

54. B 沟通是指通过各种渠道传播消息、事实、观念、感觉和态度，来达到共同了解的活动，故选项 A 错误。控制是指社会行政组织在动态变化的环境中，为确保实现既定目标而进行的检查、监督、纠偏等管理活动，故选项 B 正确。协调是社会服务机构中各部门的活动化为一致性行动的过程，通过发挥团队精神，顺利执行各部门的活动，实现共同目标。协调的目的包括：一是促进各部门的密切配合、分工合作，从而如期实现工作目标；二是推动各部门和员工步调一致，化个别努力为集体合作的行动，增进组织效率，故选项 C 错误。授权是指上级主管适当地将职权交给下属的过程，故选项 D 错误。

55. B 非正式会话式访问、引导式访问和标准化开放式访问是定性研究的三种访问形式。其中，引导式访问需事先准备访问提纲，在实际访问时依情境决定问题次序及字句，这样有助于系统性整理，但一些重要且突出的议题可能被排除。

56. D 前后测控制组设计就是先把对象随机分配到实验组和控制组，然后测量两组在某指标上的水平，接着对实验组进行某种干预，而后还要再次对两组进行测量。实验组的前后变化与控制组的前后变化之间的差异被视为干预效果。

57. C 定性研究遵循反实证主义和建构主义的思想，强调根据调查者的经验、阅历等处理和分析问题，如访谈和观察等，注重资料的特殊性和差异性。

58. A 问卷题目的数量直接影响回答者的回答意愿。一般来说，回答者能够在 30 分钟内完成问卷较好。

59. C 问卷的问题设置一般是客观题在前，主观题在后。

60. C 专业的个案研究有利于掌握特殊的实情，针对具有特殊性的服务对象提出具体的解决方案。

二、多项选择题（共20题，每题2分。每题的备选项中，有2个或2个以上符合题意，至少有1个错项。错选，本题不得分；少选，所选的每个选项得0.5分）

61. ABC 就社会工作实践中的伦理决定来说，有学者提出了一个简单的决策模式供专业人员参考，主要包括八个步骤：①确认问题或困境；②厘清相关的潜在议题；③检阅相关伦理守则；④了解可运用的法律规章；⑤寻求专业咨询；⑥思考各种可能采取的行动；⑦列举和思考不同决定可能的结果；⑧选择最恰当的行动。

62. ACE 小王没有歧视小赵，而是公平、平等地接待了他，体现了接纳；在经过他本人同意后，链接了医疗资源，体现了知情同意；承诺保密，体现了保密。

63. BC 本题中，小顾宜采取的做法有为小赵疏导情绪，减轻精神压力，积极面对问题。在征得小赵同意后，为他介绍病友自助互助小组，这是符合社会工作专业伦理的做法，也是尊重服务对象自决和保密性的做法。

64. CE 治疗型学校社会工作，是针对"问题学生"失常的心理和行为而开展的工作，其目的是帮助他们解决问题、正常发展，故选项D错误。变迁型学校社会工作，是帮助学生适应剧烈的社会变迁而开展的工作，包括各种辅导活动。社区—学校社会工作是把社会工作延伸到学校之外，包括联系学生家长、实现家校沟通、对离校学生提供追踪服务、开展社区教育以利于学生学习与成长等，故选项A、B错误。随着社会变迁的加剧、社会价值的多样化，青少年学生遇到的自身发展方面的问题越来越多，学校社会工作也变得越来越重要。

65. ABC 根据题干，"夫妻矛盾也开始变得激烈"，面临婚姻危机，故选项A正确；"王先生最近开始失眠"，面临身心健康问题，故选项B正确；"家里的经济压力骤增"，面临经济问题，故选项C正确。

66. BDE 社会服务是社会工作者的职业，而对志愿者来说只是业余活动；社会工作者受过专业教育和专门训练，而志愿者可以不受任何专门训练；志愿者所从事的多是对公众或困难群体的一般性服务，这些服务一般是体力或时间的支出以及简单的物质性帮助，而社会工作者的服务一般会涉及政策、心理、能力等方面，复杂而深入，一般是较困难的问题；政府和社会对社会工作者的服务行为及效果有比较严格的要求，而对志愿者的服务没有严格的要求。

67. ABCE 组织之间应该如何交往，社会工作者可遵循的一般性准则有以下四个方面：①尽早与各组织交往，为未来可能的合作奠定基础，故选项A符合题意；②交往时要协助各方了解各自可获得的利益，树立利益共享的印象，而非实现盈利，故选项B符合题意；③交往各方可以签订合作协议，而非口头约定，故选项C符合题意；④要注意主动维系组织间的交往关系，如有必要，可以建立一个共同接受的中间组织来专职负责组织间的交往，故选项 E 符合题意。

68. ABCD　前后测控制组设计就是先把对象随机分配到实验组和控制组，然后测量两组在某指标上的水平，接着对实验组进行某种干预，而后还要再次对两组进行测量。实验组的前后变化与控制组的前后变化之间的差异被视为干预效果。

69. ACD　支持小组一般是由具有某一共性问题的小组组员组成的。通过小组组员彼此之间提供的信息、建议、鼓励和感情上的支持，达到解决某一问题和组员改变的效果。在我国社会工作实务中，支持小组近年来发展得很快，如单亲家庭自强小组、癌症患者小组、针对吸毒人员的同伴治疗小组等。

70. BC　社会工作者要致力于营造信任的小组气氛，具体做法有：①主动与组员沟通，建立信任关系；②创造机会让组员表达自己的想法，通过组员间的相互回馈和关怀自然地产生信任；③寻找并强调组员之间的相似性；④澄清组员之间可能的误解；⑤培养组员积极倾听他人意见的良好习惯。

71. ADE　根据服务对象自决原则，社会工作者可以向服务对象提出忠告以及合理化建议，促成其改变，故选项 D 正确。本题中，小刘的主要任务就是稳定小冰的情绪，并协助小冰帮助杨某尽快戒赌，故选项 A、E 正确。

72. DE　有时候被动员的居民会因为目前参与人数太少而没有信心，社会工作者可以用赞赏对方、体谅他人、尽力改变现状、动之以情等策略回应对方。选项 A、C 属于居民以自己能力不够为由拒绝参与时的说服技巧。选项 B 属于居民以没时间为由拒绝参与时的说服技巧。

73. ABC　运用媒介的途径包括：①邀请记者与新闻稿撰写；②接受媒体访问；③社交媒体的运用。

74. ABC　社会福利机构的员工长期在工作岗位上从事同样的工作会感到枯燥乏味，因此，机构管理者可以通过工作轮换、工作任务拓展和工作丰富化来降低枯燥的感觉，也可以借此机会评估员工潜能，协助构建未来人力资源的规划。选项 D 不属于激励员工的有效措施。选项 E 属于对于那些具有高度自主性和足够能力的员工，可以重新设计工作职位，让他们能够有更高的自主性自行决定工作的方法和步骤，由此来满足员工的高层次需求和提高其工作动力，与题干情况不符，故不选。

75. BCE　运用生态系统理论应注意以下四个问题：①人们遇到的许多问题不完全是由个人原因引起的，社会环境中的障碍也是导致问题的重要因素；②社会工作者为服务对象提供帮助的着眼点不能仅放在个人身上，要从与之相关的不同系统的角度分析问题；③服务对象与各个系统之间的关系是动态的，社会工作者必须不断对服务对象与环境的关系做出新的判断；④对服务对象的帮助要从整个生态系统出发，把他们的问题放到不同层面的系统中去看待和解决。

76. ABCD　研究报告撰写的基本原则包括：①标题与内容呼应；②版块体现完整性和逻辑性；③定量资料与定性资料结合；④风格朴实积极。

77. ABDE　个案管理的实施原则主要有：①服务对象参与；②服务评估；③服务的协调；④资源整合；⑤包裹式服务与专业合作；⑥评估与监督。

78. BD 本题中，社会工作者的角色主要是资源筹措者，但是又因为亲属关系涉及谋私利的行为，因此，社会工作者只能告诉小王这个消息，而不能给小王健身中心的宣传材料或者自己哥哥的联系方式。

79. ABDE 支持性督导的工作内容主要有以下四个方面：①协助被督导者适应和处理服务工作中所带来的挫折、不满、失望、焦虑等各种情绪，增强被督导者的自我功能；②给予关怀和支持，让被督导者在工作过程中有安全感，并愿意尝试新工作；③协助被督导者发现工作成效，并能自我欣赏，激发被督导者的工作情绪和士气，并对机构逐渐产生认同感和归属感；④给予被督导者从事专业的满足感和价值感，促进其对专业的认同，进而愿意持续投身社会服务工作。

80. ABDE 督导者可以采取五类技巧鼓励被督导者提出并探讨问题：①由常见的事例开始，然后逐步发展到特殊性问题；②包容；③专注地聆听；④提问；⑤保持沉默。

考前冲刺试卷（二）参考答案

一、单项选择题（共60题，每题1分。每题的备选项中，只有1个最符合题意）

1. D 选项A属于行政社会工作，选项B理解有误，选项C属于普通社会工作，选项D符合专业社会工作的内涵。

2. D 社会工作者要扮演好自己的角色，就要具备一定的学科知识、文化知识、心理素质、政策知识和技术知识。其中，社会工作者要有效地达到助人目的，就必须掌握多种技术知识，包括调查研究的技术、口语和文字表达技术、现代资讯工具使用技术等。社会工作者要研究社会问题，要对服务对象的处境和状况进行评估，就需要掌握调查研究技术。社会工作中充满了社会互动和沟通，因此口语和文字沟通占有重要地位，社会工作者应该有良好的口语和文字表达技术，以准确地表达自己的意图，促进社会工作的开展。此外，利用现代资讯工具不但可以获得自己所需要的知识和信息，丰富自己，而且可以充分地表达自己的意思，提高工作效率，改进工作效果。

3. A 中共中央办公厅、国务院办公厅印发了《关于加快推进乡村人才振兴的意见》，要求加强农村社会工作人才队伍建设。要加快推动乡镇社会工作服务站建设；加大政府购买服务力度，吸引社会工作人才提供专业服务，大力培育社会工作服务类社会组织。加大本土社会工作专业人才培养力度，鼓励村干部、年轻党员等参加社会工作职业资格评价和各类教育培训。持续实施革命老区、民族地区、边疆地区社会工作专业人才支持计划。

4. D 社会工作是社会工作者与服务对象的互动过程，在这个过程中双方互为行动主体和客体，故选项A错误。社会工作者与服务对象是双向互动的，故选项B错误。服务对象的存在是社会工作得以发生的基本前提，故选项C错误。

5. C 社会工作者在社会层面的目标主要包括：①维持社会秩序。良好的社会秩序是社会各部分关系协调、稳定的状态，这是人们极力追求的。社会工作则通过服务来化解矛盾、解决问题，从而达到维持社会秩序的效果。②建构社会资本。社会资本是在一定社会范围内存在的，人们基于信任、情感、共同体意识而形成的，相互信赖和支持的关系。社会工作以人为本，解决社会问题，通过举办关爱困难群体的公益活动，链接社会资源，可以增加他们的相互信任，促进社会成员之间良好关系的建立，促使社会资本的增加，或使社区的社会资本更加丰厚，有助于建立一个相互关怀的社会。③促进社会和谐。社会和谐是社会各构成要素之间良性互动，社会成员之间相互接纳、平等相处的生活状态。④推动社会进步。社会进步的最主要标准是困难群体生活状况的改善。社会工作对困难群体问题的解决会更有力地促进社会进步。本题中，选项A、B、D均属于社会工作者直接为服务对象提供服务，并没有建构社会资本，也没有促使服务对象社会资本增加。选项C链接公交巴士资源，属于链接社会资源，促使服务对象社会资本增加。

6. D 医务社会工作是指在医疗、卫生、保健领域实施的社会工作，其核心特征是以病患为对象开展社会工作专业服务。

7. B 本题涉及的伦理议题是保密。由于小王肇事逃逸，涉嫌违法，社会工作者小天应该告知他尽早自首，必要时配合警方如实反馈。选项B符合社会工作伦理守则的规定。

8. D 社会工作专业强调平等，但并不是绝对的平等，而是要根据每一个人的个别差异实施有差别的服务。

9. B 本题中提到了"部分保洁人员聚在一起议论"，而议论的议题是带有歧视色彩的，因此应当倡导接纳和包容的文化氛围，故选项B正确。

10. C 社会工作虽然是一种价值主导的专业实践，但社会工作者仍要避免将自己的价值观强加于服务对象，不应指责和批判服务对象的言行与价值观，更不应将自己的负面情绪发泄在服务对象身上。作为一种专业服务活动，社会工作者应坚持与服务对象一起工作，共同分享对问题和需要的看法，一起探讨解决问题的策略和方法。同时，在这些专业服务的各个环节，社会工作者应始终坚持力图实现自我决定的原则，不应直接或间接地强迫服务对象接受任何决定与服务。在社会工作实践过程中，"非评判"原则具体体现为社会工作者对服务对象的性格、性取向、生活方式、宗教、政治倾向等不作倾向性的批评和判断，尊重服务对象在观念和生活方式上的选择。

11. C 社会工作者在服务过程中应该具备为服务对象提供更加适当的服务的能力。

12. C 根据埃里克森的人类发展阶段论，个体在成年中期需要处理的冲突是繁殖还是停滞。

13. D 同辈群体对个体行为的发展具有重要作用。它对个体的认知发展、行为塑造、情绪表达、精神追求及支持系统均有直接影响。

14. C 社区对人类行为的影响主要有四个方面：第一，社区成员具有某些共同特征，如相似的社会经济地位、生活方式、文化和风俗习惯等，故选项A错误。第二，社区成员之间存在着复杂的社会交往关系，在交往中彼此发生影响，故选项B错误。第三，社区本身是一种社会组织，具有本身的社会规范，对社区成员的行为具有约束作用。第四，社区成员对社区具有强烈的认同感和归属感，这种认同感也会影响社区成员的行为，故选项D错误。本题中，该小区存在停车难问题，社区居民自发留下联络电话并逐步形成规范停车行为，体现了社区自身的社会规范约束居民的停车行为，故选项C正确。

15. D 自我实现的需要是最高层次的需要，它是指实现个人理想、抱负，发挥个人的最大潜能，完成与自己的能力相称的一切事情的需要，也是一种创造和自我价值得到体现的需要。自我实现的需要是在努力挖掘自己的潜力，使自己慢慢成为自己所期望的人。案例中的小玉正是通过不断的自我挑战，实现了自己的理想。

16. D 随着社会的发展，大众传媒对人的行为和社会实践的影响越来越大。大众传媒对人类行为的影响主要表现在以下五个方面：第一，可以为受众提供支持其固有立场观点和行为的有关情况，从而增强受众的固有观念和行为；第二，在争议不大且没有其他因素干扰的情况下，大众传媒只要重复传播内容，就能直接改变受众的行为；第三，大众传媒可以使受众改变其原有的立场；第四，可以提供信息引导人们的行为；第五，为受众提供行为规范，供他们选择。

17. B 本题中提到了"她感到心灰意冷，开始自暴自弃"，因此现阶段最适宜的干预措施是帮助其宣泄负面情绪并建立自信心。

18. B 根据弗洛伊德的精神分析理论，当人格失调时，人的活动就会出现问题。面对问题，弗洛伊德的精神分析理论将治疗的焦点放在对自我的强化上。弗洛伊德的精神分析理论认为，强化自我使之更加独立于超我，扩展它的知觉领域，提高组织能力，使其能占有新的本我部分。在治疗过程中，治疗者与服务对象一起讨论本我欲求，检视出不和谐的状态部分，使服务对象能够觉察到。

19. C 根据生态系统理论，个人与环境间相互影响和回应以达到最佳调和度。从生态观点来看，适应良好是二者间成功互惠的结果，而适应不良则是个人需求与环境所能提供的资源、社会支持之间无法匹配调和的结果。

20. B 在系统理论看来，服务对象的问题来自其所在的系统，而不是单纯的个人问题。个人所面对的问题来自环境支持的薄弱、社会分配不均，乃至社会环境与社会制度的限制。而且问题本身以及各层次的系统都是动态的、不断发展变化的。社会工作者需要将服务对象的问题和提供的服务放在动态的系统之中进行考察。

21. C 增强权能理论认为，个人的无力感是由于环境的压迫而产生的。社会工作者要帮助服务对象明确无力感是可以改变的。

22. A 所谓逆向操作就是让服务对象提前面对其所担心的行为或情境，让服务对象的焦虑提前发作，在提前体验焦虑情境的过程中澄清错误认知。这样就可以避免在真实情境中焦虑发作。但必须注意的是，逆向操作不可用于有自杀意图的个案身上。另外，在使用逆向操作时必须事前征得服务对象的同意，且社会工作者必须全程陪同服务对象，不可以安排服务对象自行完成。

23. D 个案管理的服务面对多重问题，与之相对应的社会工作者需要整合多种资源和专业，进而为特定服务对象提供综合服务。

24. A 非理性信念是指那些把特定场景中的经验绝对化、普遍化、抽象化之后产生的与实际情况不符的想法和观点。

25. B 治疗者角色是指社会工作者运用专业的方法和技巧，消除或者减轻服务对象的困扰。

26. B 任务中心模式把服务介入的焦点集中在为服务对象提供简要有效的服务上，希望帮助服务对象在有限的时间内实现自己所选定的明确目标。任务中心模式认为，高效的服务介入必须符合五个方面的基本要求：一是介入时间有限；二是介入目标清晰；三是介入服务简要；四是服务效果明显；五是介入过程精密。根据题意，通过帮助小沈确定问题的优先级和解决问题的顺序，小李可以更有效地帮助小沈达成目标，故选项B正确。

27. C 同理心是指社会工作者设身处地体会服务对象的内心感受。

28. C 链接资源的方式可以分为正式链接和非正式链接。正式链接是指拥有资源的各方通过会议、契约、合同等正式的方式相互交换资源，而非正式链接则是依靠平常的交情等非正式方式形成的资源交换，社区工作中非正式资源链接是常见的方式。良好的资源链接可以充分利用社区内外的各种资源，避免资源的闲置和浪费。选项A、B、D都属于非正式资源。

29. C 缘由诊断是对服务对象困扰产生、变化的过程进行分析，是对服务对象个人历史的考察。

30. A 教育小组通过帮助小组组员学习新知识、新方法，或补充相关知识的不足，促使小组组员改变其原来对于自己问题的不正确看法及解决方式，从而提升小组组员适应社会生活的知识和技能水平。

31. A 在小组工作的开始阶段，社会工作者要制定小组规范。

32. B 在小组讨论中，对某些比较内向或者容易害羞的组员要给予鼓励，帮助他们树立信心和安全感。当一些小组组员垄断小组讨论时，或当组员的发言太抽象时，或当小组讨论脱离主题范围时，社会工作者要采取限制的手段来处理。

33. A 社会工作者与组员沟通的技巧包括：①营造轻松、安全的氛围；②专注与倾听；③积极回应；④适当自我表露；⑤对信息进行磋商；⑥适当帮助梳理；⑦及时进行小结。其中，积极回应是指社会工作者在组员发言之后，要站在同理心的角度，向发言者表达对其发言的高度重视，认真了解和把握发言者的用意与感受，并伴以积极的回应。

34. C 发展模式适用于有困难的人群，面对危机的人群，寻求更大自我发展的人群。其可以是救助性的，帮助一些缺乏信心或社会适应有困难的人，培养他们的自信心，协助个人成长，从而适应社会变化；又可以是锦上添花性的，为个人、群体和社区进一步发展提供空间和可能性。根据题干信息中的激发潜能，应选择发展模式。

35. C 小组工作的过程评估指的是对小组的整个过程进行全程评估。在一个发展性小组中，评估的重点是组员的参与程度和完成作业的情况。

36. C 在确定小组工作的目标时，要遵循以下五个原则：一是目标清楚，可以测量和评估；二是要有明确的时间限定，以便小组组员清楚在什么时间完成什么目标；三是目标要适合小组组员的实际能力；四是具体目标之间的相容性，不能相互冲突；五是目标的表述尽量使用正面的肯定性语言，以便小组组员明确知道他们需要做的事情，而非强调不该做什么事情。

37. C 社区工作强调社区资源的充分挖掘，既包括辖区内商业机构、政府机构和非营利机构等资源，也包括社区成员的人力资源。

38. C 在运用社区工作的地区发展模式时，作为使能者，社会工作者要协助居民表达对社区问题的不满，鼓励和协助居民组织起来，帮助他们建立良好的沟通渠道及人际关系，促进共同目标的产生与实现。

39. B 社会策划模式是指在理性方法的指导下，依靠专家的意见和知识，在准确把握社会工作服务机构的使命、宗旨、政策、资源的基础上，确立社区工作目标，在社区工作目标的引导下，从多个预选方案中选择一个最佳的工作方案，然后结合社区需要，动员和分配资源，并在工作过程中根据不断变化的实际状况随时修改计划，以保证计划朝着预定目标前进，在工作结束时对计划执行情况加以总结和反思，最终解决社区问题。

40. A 当个人被问及是否需要某一特定服务时，其反映的意愿就是感觉性需要。

41. D 社会工作者要收集环境发展趋势方面的资料，了解对新计划有影响力的人士和团体，分析他们的利益和需要。此外，还要考虑如何获得财政支持和人力支持，并预测整体环境的改变和发展趋势，了解新计划可能会面对的机会、竞争和障碍。

42. A 在认识社区阶段，社会工作者的基本任务是对社区进行科学细致的分析，分析的重点是社区基本情况、社区的问题和社区的需要，其中包括社区人口结构分析。

43. B 结果评估是比较服务前后服务对象在某些方面的变化，判断服务目标是否实现。

44. A 授权能够有效提高员工满意度，也能令机构的工作效率得到提升。

45. A 项目化运作的首要特征是项目有明确而具体的目标。

46. A 社会服务机构的监督体系有助于推进社会服务机构运作的规范化，包括内部的监督机制和外部的监督机制。内部的监督机制主要是指确保社会服务机构的基本性质，包括监事会的监督、理事会的监督、机构规章制度的监督和机构信念、使命的监督。外部监督机制主要是指其他利益相关者为了各自的利益，通过不同途径对社会服务机构的管理者和服务人员进行监督。加强内部治理，主要是指按照规章流程进行内部整顿，故选项A正确。

47. B 多功能团队是由来自不同部门、不同领域的专业人员组成的一个群体，他们组成团队的目的是完成一项共同任务，或是通过建立多功能团队来为服务对象提供综合性服务。

48. A 民主型领导方式的特点之一是领导者主要利用个人权力和威信，而不是依靠职位权力和命令使人服从，谈话时较多使用商量、建议和请求的口气，较少下达命令。

49. C 社会工作专业机构要通过规范的治理结构来保证机构的主要管理者不会损害公众的利益，这是维护机构公信力的必要条件。

50. D 促进就业属于人力资源社会保障部在社会福利方面的职能，不属于民政部的职能。

51. A 在对志愿者进行督导时，要及时表扬志愿者优秀的工作表现，对不良工作表现要给予建设性意见。

52. A 同事督导是指具有相同需求、观点或技术层次的个人和一群社会工作者，通过个别互惠方式或团体讨论方式进行的互动过程。

53. A 督导前期是督导者与被督导者建立关系的基础期，这一时期最重要的任务是相互熟悉，督导者在这个时期一般通过直接面谈了解被督导者的家庭、所受专业教育、工作经验、以往的经历等，督导者通过了解被督导者的处境找到督导的起始点，简单明白地说明自己的工作方法和目的，让被督导者放松心情、接受督导。选项 B 是工作期的任务，选项 C 是终结期的任务，选项 D 是开展期的任务。

54. C 社会工作专业督导具有支持功能，要帮助被督导者疏解因为服务所产生的负面情绪。

55. B 社会组织公信力评估包括以下四个方面：①资金的合理使用和运作；②服务和活动与组织使命和宗旨保持一致；③财务与信息的透明化；④规范的治理结构。

56. D 选项 D 是批判主义方法论的观点，不是实证主义方法论的观点。

57. C 在行动研究中，被研究者不再简单地作为研究对象，而是和与问题有关的所有其他人员一起参与研究和行动，他们将研究发现直接应用于行动，对问题情境进行全程干预，进而提高自己改变社会实践的能力。

58. C 调查问卷的结构包括标题、封面信、指导语、问题及答案、编码等部分。根据保密原则，问卷中不应出现调查对象的姓名，特别是敏感性问题研究更要避免出现身份信息。

59. C 行动研究兼用定量与定性的方法，但偏向定性研究。它是一个过程，描述和分析各方主体的深层信息，指出其不足，发现其原因，提出修订思路并在后续实践中实施。行动研究也促进实务工作者自我反思和自我教育，协助其专业成长和全面发展。因此，行动研究对于实务工作者、行动者、实践情境、工作项目乃至服务机构均具有批判建构的双重功能。

60. C 访问法较适用于实地研究，尤其是个案研究。访问法的优点是适应面广、弹性大，因为可以当面互动而有利于发挥双方的主动性和创造性，对变化也可及时回应，因此可获得较深入的资料。访问法的缺点在于主观作用强、规模小，不便涉及敏感性问题。

二、多项选择题（共20题，每题2分。每题的备选项中，有2个或2个以上符合题意，至少有1个错项。错选，本题不得分；少选，所选的每个选项得0.5分）

61. CE 本题中，小黄的角色是服务提供者和研究者。

62. ABDE 我国社会工作发展的基本原则之一是坚持社会主义核心价值观的引领。社会工作是为人民服务的专业活动，它在宏观层面上追求社会的民主与和谐、追求社会进步；在社会层面上追求社会公平正义和包容，社会工作在职业行动上崇尚敬业、诚信，真心实意为困难群体和有需要的人士服务。在这些方面，社会工作所遵循的与社会主义核心价值观是一致的。用社会主义核心价值观引领社会工作事业的发展，将会使社会工作得到更有力的政治认同和更广泛的社会认同，也会更好地促进社会工作的发展。

63. ABD 社会工作专业伦理守则的作用包括：①促进专业的健康发展；②保护服

务对象的权益；③促进社会工作服务机构的能力建设；④帮助社会工作者解决伦理难题；⑤维护社会正义。

64. CD 社会工作者对服务对象负有不可推卸的伦理责任，实践活动必须以服务对象的利益为出发点，尊重并保护服务对象的最佳利益，社会工作者不能通过服务谋取不正当利益。

65. CD 社会工作者对青少年网络成瘾问题的干预可以从预防与治疗两个层面进行。其中，在预防层面，要为青少年创造良好的成长环境，协助青少年有效融入家庭、学校和社会之中，防止青少年因为无法处理好现实生活中的压力而沉溺于网络。

66. AB 根据题干表述，小娟的困扰一方面是认为自己不如别人，也就是来自她对自己的认知；另一方面，小娟认为别人看不起她，也就是她对别人的认知，因此符合题意的只有选项 A 和选项 B。其他选项与题干表述无关。

67. ABCD 结构式家庭治疗模式的核心概念包括家庭系统、家庭结构、病态家庭结构以及家庭生命周期，不包括家庭功能失调。

68. ABCE 选项 D 不属于任务中心模式，而是理性情绪治疗模式的内容。

69. BC 根据题干表述，选项 B、C 是社会工作者目前应该做的工作。

70. BCE 在小组工作的结束阶段，社会工作者要协助组员保持小组经验，主要方法包括模拟练习、树立信心、寻求支持、鼓励独立、跟进服务。本题中，社会工作者采用的方法有树立信心、寻求支持和跟进服务。

71. ACE 社会工作者在采用治疗模式开展小组工作时，必须坚持和实施的原则包括综合性原则、建构性原则、个别性与共同性相结合的原则。

72. AB 选项 C、D、E 属于效果评估收集资料的方法。

73. ACD 非正式照顾通常是由服务对象的家人、朋友、邻居来承担的，社会工作者应与服务对象现有的个人网络中的成员接触，尽量动员这些成员提供支持，商议解决问题的办法。当服务对象所拥有的个人网络太小或不能提供足够的支持时，社会工作者应为其发展新的非正式照顾资源，如寻找、培训并分派志愿者为其提供较为长期的服务，推动邻居在危急时提供临时性的、非长期的协助，组织情况相似的服务对象成立互助小组等，故选项 A、C、D 正确。

74. BCDE 危机的发展一般可以分为危机、解组、恢复和重组四个阶段。

75. ABE 一名社会工作者刚刚进入一个社区时，在不知道居民的姓名及联络方法的情况下，常见的动员居民参与的方法包括设立街头宣传站、逐户拜访、户外喊话、召开居民大会、动员现有的社区团体和组织的成员参与。

76. CDE 社会工作服务机构管理者激励员工的方式主要有：①了解员工的个别差异；②用目标引导员工，增进员工对工作的兴趣，可以通过工作轮换、工作任务拓展等降低员工工作枯燥的感觉；③提供员工参与决策的机会；④协助员工制定职业生涯发展规划。

77. ABE 服务机构要想从政府、基金会获得经费支持，在项目申请书中要说明以下内容：向政府或基金会申请这笔经费支持的意义，或申请这笔经费（有时是实物）要做什么，其用途要符合社会福利或社会公益目标，符合政府或基金会的资助目标；要说明资助的重要性，即这笔资助对于项目对象的必要性；说明资助额及申请这一数量资助的原因，需要列出较细致的项目预算；要说明怎样使用这笔资助，即怎样将这笔资助运用于机构的服务；要说明使用这笔资助可能达到的预期效果；要说明使用这笔资助的社会交代的方法，即如何向资助者报告资助项目的结果。

78. BCE　选项A、D属于支持性督导的内容。选项B、C、E属于传授知识，符合教育性督导的概念。

79. ACD　社会工作者在工作中经常面对来自各个方面的压力，因此，社会工作督导必须发挥自己的支持性功能，帮助被督导者增强自我功能，平衡和安抚被督导者的工作情绪，缓解焦虑，增强被督导者的工作信念，提高其工作效能，使其呈现出良好的工作表现。

80. ABC　选项D、E属于特殊的社会工作研究报告（如项目计划书、评估总结报告等）的内容。

考前冲刺试卷（三）参考答案

一、单项选择题（共60题，每题1分。每题的备选项中，只有1个最符合题意）

1. D　专业社会工作强调自下而上的工作方式，故选项A错误。专业社会工作通过服务来化解矛盾，故选项B错误。专业社会工作的价值观很多情况下与社会价值观不相同，故选项C错误。

2. B　个案、小组、社区是社会工作的专业方法，但不是只有这三种，故选项A错误。社会工作者是受助的客体，故选项C错误。价值观是社会工作的灵魂，故选项D错误。

3. C　虽然社会工作的首要服务对象是困难群体，但是其工作范围现在已经大大超过了这些传统领域，在促进人的发展方面也涉及得越来越多。

4. C　家庭社会工作是对家庭因社会或家庭成员方面的原因陷入困境所进行的专业的支持性服务，它是以家庭整体为对象的服务。当因社会与经济变迁使家庭的正常生活遭遇困难进而使家庭成员之间的关系出现问题，或者因夫妻不睦、亲子关系紧张、失业、疾病、迁移以及单亲等原因而出现较严重问题时，社会工作者可以帮助家庭解决困难和问题，促进家庭和谐，这就是家庭服务。

5. A　倡导是社会工作者直接向服务对象提倡某种行为。在服务对象必须采取新的行为才能有助于其走出困境，但服务对象对新的行为又不了解时，社会工作者应该成为服务对象采取某种行为的倡导者，即向服务对象倡导某种合理行为，并指导他们，以使他们取得成功。

6. C　心理健康服务既包括临床心理治疗，也包括发展和预防性的服务，故选项A错误。医务社会工作是专职社会工作而非志愿服务,故选项 B 错误。制定薪酬标准是企业人力资源专职工作人员的工作内容,故选项 D 错误。

7. B 我国社会工作专业价值观的内容包括:①以人民为中心,回应社会需要;②接纳和尊重;③个别化和非评判;④注重和谐有序,促进社会共融与发展;⑤平等待人,注重民主参与;⑥权利与责任并重;⑦个人的发展机遇、潜能提升与国家的社会发展进程相结合。

8. A 社会工作专业价值观不同于个体的价值观,也不同于一般的社会价值观,它是社会工作者专业共同体内部的一种总体的价值偏好,代表着整个专业团体内部对社会正义、服务、个人价值与尊严、人类关系重要性、社会团结等的一般看法以及对专业活动标准的认定,故选项 A 正确,选项 C 错误。社会工作价值观可以促进社会工作者更好地维护服务对象的利益,故选项 B、D 错误。

9. B 接纳是指在专业服务过程中,社会工作者要从内心接纳服务对象,将他们看作工作过程中的重要伙伴,对服务对象的价值偏好、习惯、信仰等都应保持宽容与尊重的态度,绝不能因为服务对象的生理、心理、种族(或民族)、性别、年龄、职业、社会地位、信仰等因素对他们有任何歧视,更不能因为上述原因而拒绝为服务对象提供社会服务。

10. C 社会工作者在实践中既要以平等的方式对待服务对象,同时又要注重服务对象的差异,在助人过程中充分把握好平等待人和个别化服务的理念。例如,在照顾老年人的服务机构中,社会工作者要以平等和公平的理念与方式对待服务机构内的每一位老年人,同时还要根据老年人不同的年龄、性别、健康状况、性格特点等有意识地设计和提供个别化的服务,以满足不同老年人在心理、精神和人际互动等方面的需要,从而促进老年人身心健康发展。

11. A 本题中,由于同事有丰富的经验,自己刚到该部门工作,缺少相应的实务经验,因此应尊重同事的处理方法,同时,如果认为自己的意见是正确的,则应在私底下以积极的态度与同事进行沟通。

12. A 社会工作者在小组讨论中,通常有五种提问类型:一是封闭式的提问,如"是不是";二是深究回答型的提问,社会工作者可以用"描述""告诉""解释"等词提问;三是重新定向型的提问,如"刚才小李提到了这个问题,其他组员对这个问题是怎样想的";四是反馈和阐述型的提问,如"我们已经讨论了一段时间,谁能对此总结一下";五是开放式的提问,如用"怎样""为什么"等词提问。在小组讨论中,社会工作者可根据不同的情况和时机运用不同的提问方法。

13. D 个人主观体验是指观察者根据自己的经验作出某种行为是正常还是偏差的判断。行为适应性标准是指如果由于器质或功能的缺陷使个体能力受损,不能按照社会认可的方式行事,致使其行为后果对本人或社会带来不适,则被认为行为产生偏差。社会规范与价值标准是指如果个人的行为符合当地社会规范和价值观念,该行为就是正常的,否则就被视为有偏差的行为。统计学标准是指大多数人相似或一致的行为在统计学上被认为是正常的,如果偏离统计上的正常值则会被认为是偏差行为。根据题干表述,佳佳的身高体重明显低于同龄人，带佳佳去医院检测发育诊断，属于统计学标准。

14. C　社会控制的功能主要是指通过制定规章与公约，并加以有效执行，确保社区居民遵循社会规范和社会价值。政府、教育机构和社会服务机构可以通过社区来实现其社会控制的功能。社区也可以通过建立一整套以奖惩制度为基础的社会控制体系，鼓励遵守社区规范的社区居民，惩罚违反社区或社会规范的人。

15. B　ERG理论不强调需要层次的顺序，认为某种需要在一定时间内对行为起作用。

16. C　购买商业保险属于生存性需要的内容。

17. B　根据皮亚杰的认知发展阶段论，在前运算阶段（2～7岁），儿童能凭借语言和各种示意手段来表征事物。

18. C　弗洛伊德精神分析理论重视童年期的经验。

19. B　生态系统理论的关键在于将服务对象放在一个有层次的系统之中，将服务对象与其所生活的环境作为一个完整的整体来看待，通过改变系统来实现个人需要的满足。选项A、C、D都是直接针对个人的，没有从不同的系统角度分析和入手。选项B涉及了不同的系统，故选项B正确。

20. C　存在主义社会工作在实践中强调个人的自由和责任。社会工作者必须明确，服务对象的行为是可以改变的，社会工作者的作用就在于帮助服务对象选择他们的目标，克服实现目标的限制。

21. C　在任务中心模式看来，任务就是服务对象为解决自己的问题而需要做的工作。它是服务介入工作的核心，是实现服务介入工作目标——解决问题的手段。两者之间的关系类似于目标和手段之间的联系。解决问题是目标，任务是实现解决问题的手段。本题中，阿娇对于备考司法考试感觉到棘手，社会工作者小明协助阿娇一起有效解决这个难题，因此任务中心模式最为合适。

22. A　个案管理的实施原则中提到了服务对象的参与，故选项A正确。个案管理的评估贯穿于整个服务，并非只包括需求评估，故选项B错误。个案管理的实施者需要协调能力，而不是决策能力，故选项C错误。个案管理的资源可以来自政府，但不仅仅来自政府，故选项D错误。

23. A　个人或者家庭的发展不仅表现为个人潜在能力的发挥，同时还表现为周围环境资源的充分发掘和运用。借助发掘和运用周围环境的资源，个人或者家庭才能为自身的发展提供更为充分的空间。本题中，"有困难时会主动向居委会求助，有事外出时会请邻居帮忙照看老伴"，这体现了服务对象对周围资源的发掘和运用。

24. B　预估与问题分析是指详细收集与服务对象问题有关的资料，并对服务对象问题的成因和发展变化过程进行评估，从而对服务对象的问题作出诊断的过程。它包括三个方面的工作重点：服务对象有关资料的收集、服务对象问题的预估以及服务对象问题的分析。

25. C　对焦即社会工作者对服务对象偏离的话题或者宽泛的讨论进行引导，将讨论集中于某个焦点。通常社会工作者可以通过让服务对象自己列出话题或者问题的重要次序聚焦讨论的焦点。例如，在实际的个案面谈中，社会工作者可以向服务对象建议，"您有很多话题（问题）想谈，因为时间有限，您这次最想谈的话题（问题）是什么？其他的我们放在以后。"或者"您能否把接下来想做的事情排一下次序？这样我们就可以从您最希望做的事情开始。"

26. A 个案记录中对事实的描述，如服务对象说话有气无力、容易发呆、对外界的行为反应迟钝等均可以直接观察到。

27. C 理性情绪治疗模式指出，服务对象的认知、情绪和行为的反应受到服务对象信念的影响。如果服务对象用一些非理性的信念看待引发事件，这种非理性信念就会促使服务对象在情绪和行为上出现困扰。因此，帮助服务对象克服情绪和行为困扰的最有效方法是协助服务对象质疑非理性信念，使服务对象形成一种理性的生活方式。结合本题情境，服务对象的主要问题是其对父母的责打产生了非理性的信念，故选项C正确。

28. B 转折阶段协调和处理冲突的方法包括：一是帮助组员澄清冲突的本质，特别是澄清冲突背后的价值观差异；二是增进小组组员对自我的理解，如运用角色扮演的方法，复制或重现类似冲突情境，以增进自我了解和对他人处境的敏感度；三是重新调整小组规范和契约；四是协助组员面对和解决由冲突带来的紧张情绪和人际关系紧张；五是运用焦点回归法，即将问题抛回给组员，让他们自己解决。

29. B 支持小组一般是由具有某一共同性问题的小组组员组成，通过小组组员彼此之间提供的信息、建议、鼓励和情感上的支持，达到解决某一问题和成员改变的效果。

30. C 小组工作的互动模式也称交互模式或互惠模式，是基于人与环境和人际关系而建立的一种小组模式，旨在通过组员之间、组员与小组及社会环境之间、小组与社会环境之间的互动关系，促使组员在小组这个共同体的相互依存中得到成长，增强组员的社会功能，提升组员的发展能力。

31. C 鼓励组员之间给予回馈属于促进组员沟通的技巧。

32. B 社会工作者在工作过程中，还应协调各方面的组织机构、社区团体以及居民之间的关系，增加了解、减少分歧，促进他们之间的团结、合作，甚至联合。选项A属于社区照顾模式的角色，选项C、D属于社会策划模式的角色。

33. A 在社会策划模式中，社会工作者是制定方案和采取行动的专家。

34. A 社会工作者相信只有社区居民自己才最清楚社区的问题和需要，外来人员对居民的处境和困难未必有深刻的了解和体会，所以，应该让居民通过参与界定自己的问题和需要，分析社区问题的表现和成因，并提出解决问题的策略。

35. A 在开展小组工作的过程中，社会工作者要考虑小组发展的文化，并反思小组文化是不是有利于目标的达到。如果不是，那就需要改变小组文化。改变小组文化的技巧包括挑战小组成员普遍接受的信念和想法，挑战小组成员不愿意讨论的话题以及与小组成员签订紧急协议。根据题干表述，小蔡对组员固有的就业观念提出质疑，体现出对小组整体的介入技巧是改变小组文化中挑战小组成员普遍接受的信念和想法，故选项A正确。

36. A 地区发展模式的实施特点包括：①较多关注社区共同性问题；②通过建立社区自主能力来实现社区的重新整合；③过程目标的重要性超过任务目标；④特别重视居民的参与。

37. B 社区团体和组织在发展过程中有时会因为过于关注任务目标而忽视了为成员提供互相了解和交流的机会，社会工作者可以帮助团体和组织的成员找出适合他们需要和特点的沟通方式。总体来说，沟通方式可以分为正式和非正式两种。正式的方式包括召开定期会议、设立公告栏、建立档案资料、设置联络员、成立工作小组等，非正式的方式则可以考虑召开定期的联谊活动或工作聚餐、庆祝成员的生日或喜事、节日团拜、邀请成员家人参与聚会、走访较少出席活动的成员或与其保持电话联络等。

38. A 民主型领导方式的特点是：所有的政策在领导者的鼓励和协作下由团体成员讨论决定，政策是领导者和下属共同智慧的结晶；分配工作时，尽量照顾到个人的能力、兴趣和爱好；对下属的工作，安排得不那么具体，下属有相对大的工作自由、较多的选择性和灵活性；主要应用个人威信，而不是依靠职位权力和命令使人服从，谈话时较多使用商量、建议和请求的口气，较少下达命令；积极参加团体活动，与下属没有心理上的距离。

39. C 效果评估主要测量的是方案实施后所产生的效果。

40. A 直线参谋式组织结构是指组织层级之间存在着水平和垂直的关系，而参谋作为专家有责任来协助直线部门的管理者。参谋的职权是主管授权的一种权力形式。例如，一个儿童保护机构可以设立研究部门充当机构领导的参谋。

41. C 政府与社会合作的社会福利行政模式是指在社会政策制定、实施、评估等方面，各级政府部门与社会力量的合作。这里的社会力量包括各类社会组织和民众。这种模式的特点是：政策理念上强调社会政策是政府与社会合作过程，强调并重视社会政策实施过程中社会力量的参与；社会政策的实施更多地运用社会力量特别是社会服务机构的参与；政策的实施讲究科学程序和专业方法，注重效果评估；评估过程不完全是自上而下的行政化检查，而是吸收专业方法，吸收社会组织和政策对象参与评估，关注的是政策实施后的实际效果。

42. D 授权是指上级主管适当地将职权交给下属的过程。授权的目的是让社会工作服务机构发挥最大效率，授权也有助于提高下属或员工的满意度。授权包括授权任务和授予权力。选项A、B、C属于授权任务，选项D属于授予权力。

43. A 各种研究表明，人们的态度、人格和其他个人表现具有差异性，因此，管理者要充分认识这种差异，要尽可能根据个人的特点分配工作。例如，对于具有高度自主性和能力强的员工，可以重新设计工作职位，让他们有更高的自主性自行决定工作的方法和步骤。

44. A 小李采用的方法是分支法。

45. C 一个有效的社会服务机构需要使用志愿者，也就需要对志愿者进行有效管理。志愿者与机构中正式聘用的社会工作者有明显差异，志愿者有以下特点：①志愿者不是机构的正式员工，他们有很高的自主性和自发性；②志愿者靠热情、兴趣和能力提供服务，而不是根据机构正式岗位的要求参与服务；③志愿者希望受到尊重、支持和肯定。

46. B 策略性计划是一种中期的计划，一般由机构高层和中层管理者共同拟定，是对未来3～5年的发展做出预估后制定的工作方针，也是机构整体的目标和方向。

47. B 企业体现其"公共关系"的捐赠动机是指当一个企业将其利润中的相当部分用于捐赠时，一般情况下是为了提升企业形象，表明自己是一个有社会责任感的企业，是为社会和民众尽义务的企业。这也是企业为了在本地赢得良好声誉的策略。

48. A 领导者利用自己的威信建议下属如何工作符合民主的含义，故选项 A 正确。指挥和要求均属于专制型领导方式，故选项 B、C 错误。完全由下属决定，属于放任型领导方式，故选项 D 错误。

49. A 公信力评估包括以下四个方面：①资金的合理使用和运作；②服务和活动与组织使命和宗旨保持一致；③财务与信息的透明化；④规范的治理结构。

50. D 本题中，"将其他社区有同样需要的青少年纳入进来，以拓展服务"不符合机构服务对象的界定，会影响其公信力。

51. A 对于志愿者的态度应该是既不能过于放纵，也不能过于严苛。当志愿服务不佳时，直接提出建设性意见是正确的做法。直接终止服务，对志愿者来讲是比较不公平的做法，会伤害志愿者服务的热情。扣发津贴对志愿服务质量的改善没有益处。

52. C 社会工作督导的教育性功能要求督导者不仅要提供被督导者完成工作所需的知识，而且还要协助社会工作者由"知"转为"做"。督导者通过个别督导或团体会谈，发挥知识、能力、学习与自我觉醒反馈的效能。具体内容包括以下六个方面：①教导有关服务对象群的特殊知识；②教导有关社会问题的知识；③教导有关工作过程的知识；④教导有关社会工作者本身的知识；⑤提供专业性建议和咨询；⑥教导有关社会服务机构的知识。本题中，"讲解听力障碍儿童及其家庭的特点并示范与其沟通的技巧"，属于教导有关服务对象群的特殊知识，故选项 C 正确。

53. D 本题中，四个选项的表述并没有错误，但是题干中强调了应该先做什么，按照助人的逻辑，当社会工作者对某项服务非常陌生的时候，督导应该先做的是介绍服务对象的相关知识。

54. C 师徒式督导与训练式督导强调的是一般议题，管理式督导与咨询式督导强调的是特殊议题。督导类型不包括发展式督导与联合式督导。

55. B 督导者可以采取以下五类技巧鼓励被督导者提出并探讨问题：①由简入难；②包容；③专注地聆听；④提问；⑤保持沉默。

56. D 社会工作研究的目的包括：①治疗和预防社会问题；②改善社会工作实践；③提升社会工作理论；④推进福利正义。

57. A 以困难群体的问题或需求为核心对象，是社会工作研究与其他社会研究的重要区别。

58. C 个案研究由于资料广泛，有利于客观、深入、准确地把握研究对象的问题、需要及其原因机制，有利于提出有效和具体的处理办法或解决方案。

59. C 实验组 A 组得分增加 2.2 分，控制组 B 组得分增加 0.3 分，实验刺激净效果应为 2.2-0.3=1.9（分）。

60. C 在问卷调查全部结束后统一核查，无法保障过程的质量。发现可疑问卷应当分析问卷而不是深度访问。问卷调查是标准化、统一化的定量研究方法，不可随意更改内容。

二、多项选择题（共20题，每题2分。每题的备选项中，有2个或2个以上符合题意，至少有1个错项。错选，本题不得分；少选，所选的每个选项得0.5分）

61. CDE 服务提供者角色是指社会工作者是向服务对象提供服务的人，这里的服务既包括物质帮助和劳务服务，也包括心理辅导、意见咨询和关系支持。支持者角色是指社会工作者面对服务对象，不但要提供直接服务或帮助，而且要鼓励其在可能的情况下自强自立、克服困难，即"助人自助"。因此，社会工作者应该成为服务对象积极反应的支持者、鼓励者，并应尽量创造条件使服务对象能够自立或自我发展。在这里，对服务对象的授权和增能是社会工作者支持者角色的重要组成部分。研究者角色是指社会工作者对自己的服务实践进行研究，可以提高专业服务水准，发展社会工作专业知识与理论，也可以为社会政策的制定提供依据。

62. ACD 根据题干表述，单亲妈妈是小杜的服务对象，故选项A正确。小杜应该是以单亲妈妈为主体来设计服务，而不是以单亲妈妈为主导，故选项B错误。社会工作者提供服务的过程，是与服务对象互动的过程，故选项C正确。社会工作者应该运用专业方法处理问题，故选项D正确。社会工作者与服务对象是互为主客体的，故选项E错误。

63. ACD 耐心倾听并在开展某项工作前征得服务对象同意，反映了社会工作者在工作过程中的尊重、接纳和知情同意的原则。

64. BC 如实告知并申请回避符合社会工作伦理原则。

65. ACD 由于程奶奶年纪大且患有白内障，确实需要人照料，故选项A正确。从题干中并不能看出程奶奶思维退化，故选项B错误。程奶奶宁愿自己搬回老房子，也不住新房，说明她习惯待在熟悉的环境，同时对陌生环境比较排斥，故选项C、D正确。亲密与孤独的冲突不是老年人面临的问题，故选项E错误。

66. ABCE 在完成服务对象问题的预估之后，社会工作者还需要给服务对象的问题作一个分析，即从专业的角度对服务对象问题的成因作一个推断，并且就需要改善的方面提出建议。分析的内容通常包括四个方面：一是服务对象问题的主要表现，故选项C正确；二是服务对象问题的成因，故选项E正确；三是服务对象的能力和环境中拥有的资源，故选项B正确；四是实施干预的建议，故选项A正确。

67. ABC 结构式家庭治疗模式具有以下三个主要特点。①以家庭为工作的焦点。结构式家庭治疗模式注重对家庭结构的认识和把握，要求社会工作者进入实际的家庭环境中认识和了解服务对象的基本结构和交往方式，并通过整个家庭结构和交往方式的改变消除服务对象的问题。②关注家庭功能失调的评估。结构式家庭治疗模式观察评估的基本框架：一是家庭的形态和结构；二是家庭系统的弹性，即家庭的适应和转变能力；三是家庭系统的反馈；四是家庭生命周期，即家庭自身发展变化的历程；五是家庭成员症状与家庭交往方式的关系。③强调家庭功能的恢复。

68. BDE 危机介入模式的特点包括：①迅速了解服务对象的主要问题；②快速做出

危险性判断；③有效稳定服务对象的情绪；④积极协助服务对象解决当前问题。

69. BD　选项A、E符合教育小组的特点，选项C不一定是组员的共同需要。

70. ADE　在小组的开始阶段，社会工作者会通过破冰游戏引导组员相互介绍，消除紧张情绪，建立相互信任的氛围，同时加强组员对小组整体目标的认识。

71. BCE　本题中，"我理解你的感受，多次四级考试的失败对你打击很大"是积极回应的技巧，"我记得我在读大学时也碰到过类似的困境"是自我表露的技巧，"我记得你说你也碰到过这样的困境，当时你是怎么应对的呢"是促进组员相互回馈的技巧。

72. CDE　本题中，"观察屋子里的环境布置"属于参与式观察；"包括桌椅摆放等"属于实物；"查看了王爷爷的健康档案"属于文献记录。

73. ACD　对于志愿者，既不能过分宽松，也不能过分苛责。志愿者并不是机构教育的对象，而且机构应当尊重志愿者，故选项B、E错误。

74. ABC　一个成功的领导者，一般都表现为能与员工建立良好的合作关系。具体方法包括：①领导者要让员工了解组织的工作方向和目标，了解员工彼此之间的关系和工作团队的实质及其目标实现的途径；②领导者必须能推动工作准则的建立，并使员工能够认同和执行；③领导者应正视工作中出现的摩擦及不和，进行适当调整，以保障工作的顺利进行并达到预期的目标；④领导者在计划与目标发生改变时，应及时、主动向员工说明改变了什么及为什么改变，使员工充分理解并积极合作。

75. BD　在提出策略时，可采用头脑风暴法；在筛选策略时，可运用SWOT分析法。

76. CDE　社会工作服务机构领导激励员工的方式主要有以下四种。①了解员工的个别差异，尽可能根据个人的特点分配工作。②用目标引导员工，增进员工对工作的兴趣。机构管理者可以通过工作轮换、工作任务拓展和工作丰富化来降低工作枯燥的感觉，也可以借此机会评估员工潜能，协助构建未来人力资源的规划。③给员工提供参与决策的机会。④协助员工制定职业生涯发展规划。

77. ABE　协调可以推动各部门和员工步调一致，故选项A正确。授权有助于提高员工满意度，故选项B正确。程序性协调是在服务开始前，工作性协调是在服务进行中，故选项E正确。

78. BCE　社会工作督导可以通过教育性督导，有效缓解社会工作者压力，具体的工作内容如下。①教导时间管理技巧。在减轻社会工作者工作负荷过程中，督导除要调整工作量、摸索合理工作分配外，教导时间管理技巧非常重要，通过综合考虑重要性和紧迫性因素，排列服务的优先顺序。②教导沟通技巧。督导应适时给被督导者提供同理心、处理冲突、自我肯定表达等技巧的培训。③培养价值伦理抉择能力。④发展压力管理培训课程。督导应在"在职训练"中安排压力管理培训课程，介绍冥想、放松等技巧，预防社会工作者职业倦怠和职业枯竭。

79. ABE　倾听、归纳和联结都属于团体督导主持会议的技巧，选项A、B、E正确。

80. BCD　调查问卷包括标题、封面信、指导语、问题和答案、编码等部分。

考前冲刺试卷（四）参考答案

一、单项选择题（共60题，每题1分。每题的备选项中，只有1个最符合题意）

1. A 社会要发展，个人也要追求发展。人类发展理论指出，随着人的生物体的成长和变化，人们总在试图克服困难，实现自己的发展目标，这种目标就是要实现人与社会环境的相互协调，使个人和社会都能更好地发挥功能。当一个人或一群人遇到困难时，社会工作者就会施以援手，通过增加知识、学习技能、学习建立人际关系等方式，使个人或群体得到发展，实现自己的人生目标。在现代社会，增加人们的知识和技能、增强克服不利因素的能力、提高个人与社会协调的能力都在发展之列，可以说，帮助个人、社会群体乃至社区更好地发展是社会工作的重要目标。本题中，大学生志愿者帮助老年人学习各种知识、技能，属于促进发展。

2. B 社会工作者为了有效助人，常常需要联络政府部门、企事业单位、社会组织（包括基金会）和广大社会成员，向他们筹集服务对象所需要的资源，可以说为服务的顺利开展而筹措资源是社会工作者的重要责任。筹措资源之后，社会工作者有时是将它们传递到服务对象手中，有时则将社会资源同服务对象链接起来，这种角色又叫资源链接者。

3. C 对社会工作者和社会服务机构而言，社会工作研究有助于实现自身增能。社会工作者作为研究者时，可以感受专业伦理，体验实务技术，领悟专业理论，审视行政细节，反思实践智慧，发现自身不足，从而更加明确自己的努力方向。社会工作者即使不是研究者，也可以通过领悟研究成果，汲取他人智慧，反省自身行为，实现自我增能。于社会服务机构而言，社会工作研究则有利于优化对内管理和对外服务，加强项目过程的管理，提升机构服务的质量。此外，社会工作研究的进行、研究成果的公开和应用，也有利于各界深化对社会工作的了解、认同和支持。

4. A 司法社会工作是在司法领域开展的社会工作，广义的司法社会工作包括在司法、禁毒、调解、信访等领域开展的社会工作；狭义的司法社会工作包括在社区矫正、安置帮教、审前调查等领域开展的社会工作。司法社会工作是司法社会工作者综合运用社会工作专业知识和方法，为社区矫正对象、安置帮教对象及边缘青少年等特殊群体提供心理疏导、职业技能培训、就业安置等方面开展的社会工作服务，其目的是提升上述人员的自我机能，恢复和发展其社会功能，最终达到预防犯罪、回归社会、稳定社会秩序的综合目标。在司法社会工作中矫正服务占据重要地位。

5. C 社会工作者要有效地达到助人的目的，就必须掌握多种技术知识，包括调查研究的技术、口语和文字表达技术、现代资讯工具使用技术等。根据本题情境，新人观察岗位上的社会工作者如何开展工作，主要是为了学习和补充技术知识。

6. A 社会工作对社会的功能主要包括以下四项：①维持社会秩序。良好的社会秩序是社会各部分关系协调、稳定的状态，这是人们极力追求的。社会工作则通过服务来化解矛盾、解决问题，从而达到维持社会秩序的效果。②建构社会资本。社会资本是在一定社会范围内存在的，人们基于信任、情感、共同体意识而形成的，相互信赖和支持的关系。社会工作以人为本，解决社会问题，通过举办关爱困难群体的公益活动，链接社会资源，可以增加他们的相互信任，促进社会成员之间良好关系的建立，促使社会资本的增加，或使社区的社会资本更加丰厚，有助于建立一个相互关怀的社会，故选项A正确。③促进社会和谐。社会和谐是社会各构成要素之间良性互动，社会成员之间相互接纳、平等相处的生活状态。④推动社会进步。社会进步的最主要衡量标准是困难群体、底层群体基本生活的改善和社会地位的提高。社会工作对困难群体问题的解决会更有力地促进社会进步。

7. D 社会工作者可以在机构内外宣传机构政策，但不能用个人价值观随意评价机构政策。社会工作者应该替服务对象保密，但是是有前提的。社会工作应该由服务对象自己作决定。

8. A 社会工作者与服务对象应当保持专业界限，即专业关系。社会工作者与服务对象超越专业关系时，便会陷入双重关系的困境。在中国的人情社会里，双重关系可能会给服务对象带来益处，但在社会工作过程中也有诸多弊端。这可能导致服务对象被利用，破坏伦理的实务界限，满足社会工作者的个人需求，并削弱社会工作者的公正性和判断力。根据题干表述，社会工作者面临的伦理难题为专业关系。

9. D 社会工作实践中强调社会工作者尽力鼓励服务对象自我决定，目的是发挥服务对象的潜能，使服务对象在自助中成长和变化。然而，在一些特定情形下，社会工作者要面对特殊的服务对象，由于生理、心理和其他原因，他们可能没有能力作决定，难以对自身的处境作清晰的判断，需要通过社会工作者来帮助服务对象作决定，这里存在着伦理困境。尽管如此，社会工作者还是要尽可能避免为服务对象作伦理决定，如果实在不能避免此种情形，社会工作者则需要与伦理专家和同事等商议，集体作出一个适当的伦理决定，以避免出现负面后果和风险。本题中，王爷爷的自主意见是回家休养，而家属的意见则是继续留院治疗，与王爷爷的意见相左。此时，社会工作者小杨面临的是是否按照王爷爷的自主意见继续提供服务，故选项D正确。

10. A 在社会工作实践中，社会工作者有义务向服务对象提供必要的信息。服务对象有权利在充分知情的前提下选择服务的内容、方式，并在事关服务对象利益的决策中起主导作用。如果服务对象没有能力进行选择和决策，应根据法律或有关规定由他人代行选择和决策权利。自决权是个人尊严的体现，除非万不得已，即便是社会工作者出于好意，一般也不主张社会工作者代替服务对象做决定，因为这样做可能不利于服务对象发展自尊和挖掘潜能。

11. D 生命质量原则是指社会工作者要本着通过专业服务不断提升服务对象生活质量的目标的精神，在直接服务和间接服务两个层面，通过社会服务和政策干预，满足服务对象的需要，不断提升服务对象的福祉，促进服务对象生活水平的提高和社会融入的程度。在社会工作实践领域，社会工作者要尽量通过服务来改善服务对象的身体及心理状况，通过提供经济帮助、心理辅导服务满足服务对象的需要，从而改善服务对象的生活质量，提高服务对象的身体及心理健康指数，从而全方位地提高服务对象的生命质量。

12. D　人类的个体行为是与自身的生理状况、心理发展和社会环境紧密联系的，是各种特征协调一致互动的结果。

13. C　根据埃里克森的人类发展阶段论，个体在成年中期（40~65岁）需要处理的冲突是繁殖还是停滞。

14. A　关系需要是指发展人际关系的需要，这种需要通过工作中或工作以外与其他人的接触和交往得到满足。

15. C　依据行为适应性标准，如果由于器质或功能的缺陷使个体能力受损，不能按照社会认可的方式行事，致使其行为后果对本人或社会带来不适，则被认为行为产生偏差。

16. B　父亲对小张的训斥，让他不要和大人争辩，成绩下降就少给零用钱等行为体现出的教育方式属于专制型。

17. D　科尔伯格道德发展阶段理论认为，普遍性伦理准则阶段是进行道德判断的最高阶段，表现为能以公正、平等、尊严这些最一般的原则为标准进行思考。在根据自己选择的原则进行某些活动时，认为只要动机是好的，行为就是正确的。

18. D　诠释过程是指社会工作者向服务对象表达其对服务对象心灵世界的了解。当一个人面对不被允许的冲动时，就会采用防御机制进行抵制。当防御机制失效时，焦虑和问题就此产生。社会工作者对于服务对象的重要性在于移情。诠释过程包括四个技巧：一是面质，指出服务对象不自觉并且重复的特定行为或话语，引发服务对象思考其背后的含义。二是澄清，协助服务对象了解其经验的详细内涵，主要涉及挖掘出过去对现在的心理现象的影响。面质与澄清有助于服务对象对其经验有更多认识，但是不能呈现潜意识的意义。三是诠释，涉及潜意识内涵的呈现与说明，如愿望、情感与防卫机制。诠释的主要作用是帮助服务对象将潜意识转化为意识。四是整合，帮助服务对象获得对经验的整体认识。题干的描述符合诠释过程。

19. C　认知行为理论认为，自动思维是指大脑中自动产生的思维、观念和想法。它是自然而然出现的，无须努力就会产生。自动思维的出现往往是无意识、迅速的，大部分时间意识不到它的存在，它是经过长时间的积累形成的某种相对固定的思考和行为模式，行动发出已经不需要经过大脑的思考，而是按照既有的模式发出。或者说在某种意义上思考与行动自动地结合在一起，是不假思索的行动。正因为行动是不假思索的，所以，个人的许多错误的想法、不理性的思考、荒谬的信念、零散或错置的认知等可能存在于个人的意识或察觉之外。

20. C　弗洛伊德对意识的论述及重视童年期经验是其主要贡献，故选项C符合题意。

21. C　存在主义取向的社会工作临床治疗者强调，不应预先设定服务对象应该如何生活，应该肯定服务对象有独特的生活方式，有选择的能力与自由，而社会工作者只是起到协助的作用，协助服务对象肯定自己的本质。

22. C　在家庭暴力案例中，服务对象所遇到的问题常常就是权能被压制，个人产生无力感。在社会工作者看来，这些妇女并非没有权能，而是生活环境的限制使她们的个人权能被压制了，甚至她们自己也认为无力反抗丈夫的暴力。社会工作者以增强权能的观点来帮助服务对象建立自信和自我控制能力，使其认识到自己是有能力的。社会工作者一方面采取措施控制其丈夫的暴力行为，另一方面帮助服务对象发现自己在过去生活中所表现出来的长处，让她认识到自己是有能力的，消除她的无力感，以帮助她逐渐走出家庭暴力的阴影。

23. B　在制定完计划之后，个案工作开始进入介入阶段。选项 A 回顾冲突过程不利于问题的解决，选项 C 让家长道歉属于错误做法，选项 D 带有强制性。

24. C　任务中心模式把服务介入的焦点集中在为服务对象提供简要有效的服务上，希望帮助服务对象在有限的时间内实现自己所选定的明确目标。

25. D　人本治疗模式的主张是，创造一种有利的辅导环境让服务对象接近自己的真实需要，变成一个能够充分发挥自己潜在能力的人。

26. A　认知行为治疗模式假设人们在日常生活中就要对日常发生的事件进行评估，这样的评估会影响人们的情绪和行为，而行为又会反过来影响人们的认知和情绪。认知行为治疗模式把人的问题归结为认知、行为和情绪三者之间的相互影响。

27. B　在与服务对象初次接触时，社会工作者还有一项工作任务就是为那些立即需要帮助而本机构或者社会工作者无法给予及时必要帮助的服务对象提供转介服务，即通过一些必要的手续把服务对象介绍给其他能够给予及时必要帮助的服务机构或者其他社会工作者。对于服务对象来说，寻求服务机构的帮助不是一件容易的事，社会工作者应尽可能减少对服务对象的伤害，在转介之前需要征得服务对象的同意，并且说明转介的理由。通常只有在以下两种情况下才允许为服务对象提供必要的转介服务：一是服务对象需要解决的问题不属于本机构的服务范围；二是服务对象生活在本机构的服务区域之外。

28. A　本题中，小张将自己曾经迷恋网络游戏的经历讲给服务对象听，运用的是自我表露的技巧，该技巧属于影响性技巧的内容。

29. C　米纽秦具体总结了病态家庭结构的基本方式，包括纠缠与疏离联合对抗、三角缠和倒三角等。一是纠缠与疏离。家庭系统中各子系统之间的边界不清晰就会出现纠缠与疏离的现象。如果子系统之间的关系过分密切，称为纠缠。如果子系统之间的关系过分疏远，称为疏离。二是联合对抗。当家庭成员之间出现相互冲突的现象时，有些成员就会形成同盟，与其他成员对抗，这就是联合对抗。三是三角缠。家庭成员之间通过第三方实现相互沟通交流，这样就把第三方带入两人的互动关系中。这种现象称为三角缠。四是倒三角。有些家庭的权力并不集中在父母亲手里，而由孩子掌握。这时就会出现权力结构的倒置现象，称为倒三角。病态的家庭结构会妨碍家庭功能的正常发挥。根据题干，妮妮与父母不那么亲近，不愿意回家等，可知属于疏离。

30. C　间接辅导技巧的服务对象包括服务对象的父母、朋友、同事、亲属、邻里和社区管理人员等。本题中，社会工作者与服务对象的母亲进行交流，属于间接治疗技巧；分享自己相关经历的心得，属于影响技巧。

31. C　在小组讨论中，对某些比较内向，或者容易害羞的成员要给予支持，不要逼他们发言，而是注意他们，投以鼓励的目光，等他们获得了勇气再发言。对他们的发言，社会工作者可以重复他们的意见，对正确的方面给予积极的鼓励，树立起他们的信心和安全感。本题中，当服务对象自信不足或者羞于表达的时候，社会工作者通过鼓励技巧来进行了回应，故选项 C 正确。

32. D　特殊生活经历的危机是特殊人群遭遇的困难，如家庭破裂、战争和自然灾害等。这种类型的危机通常会给受害者造成严重的不良后果，甚至导致长期的生理、心理或者社会功能的损害。

33. D　去灾难化是指社会工作者让服务对象尽可能设想最坏的结果，直接面对原来担心害怕的事件（灾难），从而使服务对象担心害怕中的非理性信念显现出来。

34. B　在小组结束阶段，社会工作者应帮助组员得到其家人、社区或周围其他人的支持，以维持在组员身上已经形成的正向改变。

35. C　小组讨论中，有时会出现场面气氛热烈但又偏离方向的情况，此时社会工作者要用某种方式暗示讨论的方向，提示讨论的重点，或再次强调讨论的程序，从而保证讨论正常有序地进行。

36. B　在小组工作的开始阶段，小组组员相互认识、订立小组契约和规范都是增加小组安全感和信任感的重要手段。

37. D　社区照顾模式中，治疗者是为服务对象提供行为或心理治疗；使能者是运用自身拥有的专业知识和技巧调动服务对象自身的能力和资源，发挥服务对象的潜在能力，促使服务对象发生有效改变的角色；教育者是为服务对象提供训练课程，教授有关的照顾技巧。根据题干"传授专业照顾技能"，符合教育者的定义，故选项 D 正确。

38. D　社会指标方法是指使用社会或专业所认可的指标数据来推断需要。

39. A　"在社区照顾"是指将服务对象放在社区内而开展的服务，即有需要及依赖外来照顾的困难人士，在社区的小型服务机构或住所中获得专业人员的照顾。

40. D　社会策划模式的特点包括：①注重任务目标的实现；②强调运用理性原则处理问题；③注重自上而下的改变；④指导社区未来变化。

41. A　问题有态度、行为和状态三种。态度说明对问题的看法，如"你对社会工作者服务的满意度如何？"行为代表实际行为状况，如"你过去一个月有几次求职经历？"状态涉及人口社会特征、个人经历及其他信息。选项 B、C、D 都属于状态类问题。

42. A　在帮助老年人界定小组目标时，社会工作者首先要与大家讨论、订立大家认同的小组目标，要使大家清楚小组能够帮助他们实现什么样的目标。这样做的好处是，可以促进小组组员认识和接纳小组，做好融入小组的心理准备。

43. C　社区教育主要解决的是居民对社区资源陌生、不熟悉或社区认同不足等问题，促使居民认识社区和关注社区事务。

44. D　当不知道居民姓名及联络方法的时候，可以采取逐户拜访、户外喊话、召开居民大会、设立街头宣传站等方式进行动员。

45. D　本题中，提升贫困地区儿童的健康水平属于该项目对当地儿童的长效影响。

46. B　社会工作的沟通技巧在建立专业信赖关系、发展良好工作、协调整合社会资源等助人过程中是必备且重要的能力，因此，督导应适时为被督导者提供同理心、处理冲突、自我肯定表达等技巧的培训。根据题干"大家都忙着干自己的事，偶尔也会劝劝"，可知应该要提醒王主任办公室同事之间相互支持非常重要。

47．B　多功能团队是由来自不同部门、不同领域的专业人员组成的一个群体，他们组成团队的目的是完成一项共同任务，或是通过建立多功能专业团队来为服务对象提供综合性服务。

48．D　社会工作服务机构公信力评估包括四个方面：①资金的合理使用和运作；②服务和活动与组织使命和宗旨保持一致；③财务与信息的透明化；④规范的治理结构。

49．D　社会工作服务机构公信力的展现，就是要求机构根据社会福利的多元交代特质，主动、积极和负责地向社会提供机构的经费使用情况资料、服务成效评估资料，以证明机构履行了社会职责、满足了服务对象的需要。

50．B　随着社会保障制度的改革和重建，受市场化、社会责任多元化、"小政府大社会"改革模式以及"以人为本"等价值观的多方面影响，传统的政府主导的社会福利行政模式正在向政府－社会合作的社会福利行政模式转变。

51．D　督导者一般具有丰富的实践经验，接受过正规的社会工作专业训练，拥有良好的专业知识和督导技巧，尤其是具有对社会、对专业负责的精神。

52．C　训练式督导是指被督导者被认为是学生或受教育者，在具体实务服务中，督导者负责部分工作。训练式督导与师徒式督导较为一致的是都强调学习过程，焦点集中在一般议题上。但在专业方面，训练式督导的督导者承担更多责任。

53．D　行政性督导者在扮演倡导者角色时，也积极参与社会工作服务机构政策的规划工作。督导者从被督导者那里了解到服务对象和社区的需求，了解到政策的不足和缺陷，向上级主管积极传递这些信息，并根据这些信息负责任地提出改善机构政策和程序的建议。结合本题情境，老杨扮演的是倡导者角色。

54．C　社会工作支持性督导的内容包括：①疏导情绪；②给予关怀；③发现成效；④寻求满足。

55．D　行政性督导发挥的作用是提升志愿者在机构的工作效率，发挥的是有效的功能。

56．D　定量研究以假设演绎法为逻辑基础。问卷调查是定量研究的重要方法。行动研究不是社会工作研究的独有方法。社会工作研究者的角色有多个，可以是资料收集者，也可以是分析者和结果的应用者。

57．A　选项 A 属于定量研究的范围，选项 B、C、D 属于定性研究的范围。

58．B　单后测控制组设计认为，随机分配过程已消除了实验组和控制组最初的重要差异，后测所得的两组间差异反映了自变量影响。

59．B　非正式会话式访问没有预定的主题或文字资料，问题在自然进行中临时想起；研究者以不同问题从不同受访者处收集信息，资料分析缺乏系统性或综合性。

60．D　行动研究将研究和行动进行整合，克服了其他研究理论和实践脱节的不足。在研究过程中，将分析问题、拟订方案、开展行动和评估回馈视为循环往复的过程，强调研究者与被研究者间的伙伴式工作关系，分享彼此的感受和经验。

二、多项选择题（共20题，每题2分。每题的备选项中，有2个或2个以上符合题意，至少有1个错项。错选，本题不得分；少选，所选的每个选项得0.5分）

61. BCDE 自20世纪20年代开始，小组工作被纳入社会工作训练课程。到20世纪40年代，小组工作作为社会工作的专业方法被接受。另外，社区工作作为一种专业工作方法也逐步发展起来。选项A错误。

62. ABC 社会工作者小张为孤寡老人王奶奶开展工作属于老人服务；协助其练习走路属于康复服务；为她申请临时医疗救助属于社会救助领域的工作内容。

63. AB 在小组的开始阶段，组员的特征包括：矛盾的心理与行为特征；小心谨慎与相互试探；沉默而被动；对社会工作者的依赖性。

64. ACE 选项B坚决不挪走床的做法，没有体现始终以服务对象利益为首要原则。选项D未经服务对象同意，与同事讨论搬床利弊，没有尊重服务对象的隐私。

65. ABDE 老年阶段面临的主要问题包括失智和失能问题、精神健康问题、死亡问题、被歧视问题、被虐待问题等。

66. AC 适应性的特点包括人类行为的根本目的在于适应环境，维持个体及种族的繁衍，并在适应环境的同时不断地改变自身的生存、生活环境。可控性的特点包括人类行为是人发出的行为，人类能有意识地控制和调节自身的行为，使其向着目标前进。

67. BCD 生态系统理论的关键在于将服务对象放在一个有层次的系统之中，将服务对象与其所生活的环境作为一个完整的整体看待，通过改变系统来实现个人需要的满足。选项A反映的是认知行为理论，选项E反映的是存在主义理论。选项B、C、D符合生态系统理论的应用。

68. ACD 选项B的主体不对，应该是小庄自己记录与朋友交往时的想法。选项E提到引导小庄回忆儿时的经历，这属于心理社会治疗模式。

69. AD 为了帮助服务对象顺利面对服务工作的结束，社会工作者需要做好以下四项工作：①预先告知服务对象，让服务对象对服务结束做好准备；②巩固服务对象在已经开展的服务工作中获得的改变和进步；③与服务对象一起进一步探讨影响问题解决的因素，为服务对象结案之后独立面对问题做好准备；④鼓励服务对象表达结案时的情绪，与服务对象一起探讨结案后的跟进服务。

70. ABD 危机介入模式的特点包括：①迅速了解服务对象的主要问题；②快速做出危险性判断；③有效稳定服务对象的情绪；④积极协助服务对象解决当前的问题。

71. CE ERG理论把人的需要分为三类，即生存的需要、关系的需要和成长的需要。生存的需要关系到人的机体的存在或生存，包括衣食、住以及工作组织为使其得到这些要素而提供的手段。关系的需要是指发展人际关系的需要。这种需要通过工作中或工作以外与其他人的接触和交往得到满足。成长的需要是指个人自我发展和自我完善的需要。这种需要通过发展个人的潜力和才能，使个人得到满足。选项A满足的是生存的需要，选项B、D满足的是关系的需要。

72. ABDE　社会工作者协助组员保持小组经验的主要方法有：①模拟练习；②树立信心；③寻求支持；④鼓励独立；⑤跟进服务。

73. AC　在小组讨论中，对某些比较内向或者容易害羞的组员要给予支持，不应逼他们发言，而应注意他们，并投以鼓励的眼光，等他们获得勇气后再发言。对他们的发言，社会工作者可以重复他们的意见，对正确的方面给予积极的鼓励，树立起他们的信心和安全感。

74. ABD　小组后期成熟阶段的一般特点包括：①小组的凝聚力大大增强；②组员关系的亲密程度更高；③组员对小组充满了信心和希望；④小组的关系结构趋于稳定。

75. AB　社会工作者应该协助组员保持已经改变了的行为，并在日常生活中运用在小组中获得的成长经验。主要方法有：一是模拟练习。模拟现实的生活环境，让组员在小组中练习他们学到的行为规范等。二是树立信心。观察组员的变化，鼓励和肯定组员，让他们对离开小组后的生活充满信心。三是寻求支持。帮助组员得到其家人、社区或周围其他人的支持，以维持在组员身上已经产生的变化。四是鼓励独立。鼓励组员独立地完成工作，逐步降低小组对组员的吸引力，以避免其在结束时对小组的过度依赖。五是跟进服务。如转介、跟进聚会、安排探访等。其中跟进聚会通常安排在小组结束后的两个月后、三个月后或半年后。

76. BCDE　对于社会工作服务机构高层管理者而言，他们在决定是否采用某服务方案时，一般会考虑经济上是否有效率，社会上是否接纳与政治上的可行性。具体而言，包括如下考虑因素：这项服务是否符合机构或服务方案的目标和优先次序，机构是否有足够的资源提供这项服务，所提供的服务是否被服务对象和社区成员所接纳，是否可由现在的服务提供者继续给予干预，这项服务是否满足政策的要求，这项服务是否为机构所必须提供的，能否测量这项服务的"服务效果"，被选择或批准的项目能否发展成"实践计划"，推行这项服务过程中是否有严重的危机存在等。

77. BCDE　志愿服务参与方式与类型的改变对志愿者管理将会产生较大影响。首先，配置专职人员从事志愿者管理工作；其次，重视对志愿者工作科学、合理地规划与计划，使工作内容精简、容易管理，配合志愿者的时间对其开展培训，以便他们的潜力得到最大程度的发挥；最后，加强对志愿服务网络与服务平台的建设，可以有效链接社会服务需求和志愿服务资源的提供。

78. BD　小组按计划完成自己的任务后，社会工作者需要对自己的工作进行总结。一方面了解小组是否完成了自己预定的目标和任务；另一方面为以后主持类似的小组积累经验。因此，在小组的结束阶段，社会工作者会设计一些问卷或量表让组员根据自己的改变状况，来评估小组的效果。常用的方法有：小组结束后的跟进访谈、组员的自我评估报告、小组目标实现表、小组满意度量表、小组感受卡、小组领导技巧记录表等。

79. ABCD　督导契约包括如下内容：①会议召开的周期、地点，每次会议持续时间，会议的议程等；②签订契约的成员要有明确的承诺，保证能够坚持参加督导会议；③成员的角色和分工，如谁来负责会议时间和场地的安排，谁来负责会议秩序的维持等。选项E不属于督导契约的内容。

80. ADE　个案研究方法不一定要使用量表进行测量，而且个案研究属于定性研究，不需要遵循严格的前测后测步骤。

考前冲刺试卷（五）参考答案

一、单项选择题（共60题，每题1分。每题的备选项中，只有1个最符合题意）

1. A　在社会工作专业化的进程中，曾经出现将工作领域细分、强调某种专业方法的现象。后来，随着对社会问题复杂性的认识，社会工作者逐渐认识到，面对复杂问题应该综合运用多种方法。基于此，社会工作者开始探讨将几种社会工作方法综合运用的可能性，这就是整合社会工作的出现。目前，在社会工作实践中以问题为本、灵活运用多种方法已经成为新的趋势。

2. D　随着社会问题的复杂化、社会进步和社会福利制度的发展，社会工作的对象也在扩大。这主要表现为从帮助物质生活上最困难的人逐步扩展到所有基本生活遇到困难、陷入危险境地难以自拔而需要帮助的人，从贫困的个体和家庭到有问题、欠发展的社区，从困难民众到一般公众。

3. B　支持性督导是指通过提供压力疏导和情感支持，激发督导对象的工作热情，营造安全和信任的工作氛围，提高督导对象的工作成就感、自我价值感和专业归属感。本题中，社会工作者小雪热情消失，感到非常焦虑，因此督导者首先要做的是疏解其负面情绪。

4. C　社会工作者的核心工作是向服务对象提供适当的服务，服务提供能力是社会工作者应具备的基本能力。服务提供能力包括与服务对象建立专业关系，促进双方良好互动与合作的能力。在服务过程中，社会工作者对服务对象要表示关心、支持和保护，对服务对象的某些偏差行为进行干预和指导，要有步骤地推进服务，进而达到计划的目标。

5. B　社会工作价值观是通过专业教育形成的，在服务实践中养成的，故选项A错误。社会工作的基本对象不是"需要帮助的人"，而是"最需要帮助的人"，故选项C错误。对于助人活动，不能将其简单地理解为社会工作者对服务对象的单向支持，实际上，助人活动是双方围绕解决困难和问题而展开的持续互动，故选项D错误。

6. D　众筹一词是舶来品，翻译自国外的crowdfunding，它是一种随着互联网的发展而出现的新型融资方式，即项目发起人（如小企业家、艺术家或个人）利用互联网或SNS传播特性，向公众展示他们的项目或创意，争取大家的关注和支持，从而获得所需要的资金援助。众筹模式兴起后，很快从商业领域延伸到公益领域。社会服务机构、企业或者个人将想要完成的公益项目展示在互联网平台，通过向网民筹集资金来完成项目目标，这也被定义为"公益众筹"。

7. B　社区是社会工作的重要领域，社区社会工作是以社区为对象的社会工作。在城市中，由于工作高度紧张、家庭小型化和城市重建，人们的日常生活受到了消极影响。这种情况下需要发展社区服务、进行社区建设来满足人们的要求,而社区社会工作在这方面发挥着不可替代的作用。

8. D 在社会工作介入和服务过程中,社会工作者在价值观和职业伦理的指引下,最大程度地承担关心人、服务人和促进人全面发展的责任,进而在各方面保护服务对象的权益。这些权益主要包括基本需要的满足、免于贫困的影响和暴力的侵害、促进人际沟通与交往、扩大就业与社会参与机会以及更好地融入社群。

9. D 在服务过程中,社会工作者要与服务对象保持良好的沟通,社会工作者有义务向服务对象提供必要的信息,故选项 A 错误。未经服务对象同意或允许,社会工作者不得向第三方透露涉及服务对象个人身份资料和其他可能危害服务对象权益的隐私信息,故选项 B 错误。在特别情况下,必须透露有关信息时,社会工作者应向机构或有关部门报告,并告知服务对象有限度公开隐私信息的必要性及采取相关保护措施,故选项 C 错误。

10. D 对服务对象的尊重与包容是社会工作价值观的操作原则之一。在这里,尊重的含义不只在于对服务对象保持符合社会文化习俗的礼节和称谓,更重要的是要认识服务对象自身的生命价值和其他基本权利,充分保障他们获得基本的资源和可靠的专业服务的权利,帮助他们解决困难、满足他们生存和发展的需要。对专业社会工作者来说,尊重不仅是一种思想上的认知,还是一种道德上的实践。在服务过程中,社会工作者不应将自身的价值观强加于服务对象,更不应指责和批判服务对象的言行和价值观,也不能向服务对象发泄自己的负面情绪。

11. B 社会工作专业伦理守则之一是尊重保密权和隐私权,社会工作者尊重和依循个人的保密权与隐私权,并在尊重这些权利的基础上工作。选项 A 未保护服务对象的隐私权。根据题干表述,小明为 4 岁,属于未成年人,需要征得其监护人的同意才可,故选项 B 正确,选项 C、D 错误。

12. A 社会工作虽然是一种价值主导的专业实践,但社会工作者仍要避免将自己的价值观强加于服务对象,不应指责和批判服务对象的言行与价值观,更不应将自己的负面情绪发泄在服务对象身上。

13. A 我国是社会主义国家,中国共产党是人民选择的、领导我国人民进行社会主义建设的执政党。我国社会工作的发展也必须坚持中国共产党的领导。

14. C 术后卧床休养的照料是生理需要,故选项 A 错误。家人沟通理解是归属与爱的需要,故选项 B 错误。日常生活的自主性是基本需要,故选项 D 错误。

15. A 服务对象小参处于人生发展的关键时期,逃学的行为不利于其健康成长。当服务对象面临危机时,社会工作者必须第一时间进行介入。选项 A 属于直接介入且体现了及时性,社工工作者倾听服务对象的想法,帮助其疏导情绪,有利于促进其正确面对困难。选项 B、C、D 都属于间接介入。

16. D 会谈类型被分成五类,包括诊断性、收集资料、治疗性、建立关系和一般咨询性会谈。

17. A 在放任型的家庭教养模式中,家长既缺少爱心、耐心,也缺乏责任感,对孩子放任自流。孩子由于得不到必要指导和正常约束,会形成缺乏自信、自制力差、不负责任、情绪波动异常、待人处事具有攻击性、易受诱惑、做事权宜敷衍、缺乏理想等心理倾向。本题中，由于爷爷奶奶年事已高，无力管教小庆的学习，长期的疏于管教导致了小庆自制能力差，迷上网络游戏。

18．C　精神分析理论认为，潜意识（无意识）是原始的冲动和各种本能、通过遗传得到的人类早期经验以及个人遗忘了的童年时期的经验和创伤性经验、不合伦理的各种欲望和感情。该理论的核心观点是，人的任何精神活动都是存在根源的，并非出于偶然。根源就是潜意识，它对人行为的影响是无所不在的，因此，要解决服务对象的问题就必须探寻潜意识的意义。

19．D　为了长久地维系社区资源，社会工作者应注意遵循以下原则：一是以社区需要为前提，不要浪费或闲置资源，故选项 C 错误；二是应多方寻求资源，不要只依靠少数的个人或机构提供资源，造成其负担过重；三是对资源的使用做到公开透明，协助赞助者或捐赠者树立良好的社会形象，故选项 D 正确；四是与资源提供者建立良好而稳定的关系，经常与他们联系，定期向他们报告资源使用情况以及所带来的效果，故选项 B 错误；五是加强对资源的统筹协调，减少重复使用，发挥资源的整合性效果，故选项 A 错误。

20．B　本题考查生态系统理论。生态系统理论的关键在于将服务对象放在一个有层次的系统之中，将服务对象与其所生活的环境作为一个完整的整体来看待，通过改变系统来实现个人需要的满足。选项 A、C、D 都是直接针对个人的，没有从不同的系统角度分析和入手。

21．D　人类能够通过个人的自由去创造或界定自我，人格和社会结构是自由的人们选择的结果。因此，人也必须为自己的行为负责，即人的自由不包括免除责任的自由。在存在主义看来，任何一个决定都可能在带来自由的同时，带来更多的不确定性。

22．C　人本主义社会工作强调人的内在价值和能力，因此小方最适宜的做法是引导晓玉认识并接受真实的自我，并在此基础上发展应对方法。

23．A　社会工作者对服务对象内心的想法和感受进行分析，属于心理动力反思。

24．A　认知行为治疗模式以人的认知和行为作为关注的焦点，社会工作者为小刘制定的服务目标的前两项正是为了改变小刘的认知。

25．D　收集资料的常用技巧主要包括：①会谈的运用；②调查表的运用；③观察的运用；④现有资料的运用。本题中，儿童社会工作者与明明已进行两次会谈仍未完全搞清楚明明的问题，说明仅通过直接对答获取信息是不够的。

26．B　心理社会治疗模式同时重视心理因素和社会因素。心理社会治疗模式中的非反思性直接治疗技巧是指社会工作者不注重服务对象的感受，服务对象处于被动接受服务的状态；反思性直接治疗技巧是指社会工作者注重服务对象的感受，服务对象处于主动参与的状态。

27．C　对焦，即社会工作者对服务对象偏离的话题或者宽泛的讨论进行引导，将讨论集中于某个焦点。

28．D　间接治疗技巧是指通过辅导第三者或者改善环境间接影响服务对象的具体技巧。间接治疗技巧的运用对象范围很广，包括服务对象的父母、朋友、同事、亲属、邻里和社区管理人员等，这就把个案工作服务介入的焦点从服务对象个人扩展到服务对象周围的其他社会成员。

29. C　家庭对个体的影响主要是通过家庭教养模式，不同的家庭教养模式对孩子的影响是不同的。本题中，社会工作者应首先了解张某夫妇的教养模式以及小明本人的看法。

30. A　个案会谈又称个案面谈，是指社会工作者与服务对象进行面对面的有目的的专业谈话。它的主要技巧包括支持性技巧、引领性技巧和影响性技巧。其中，引领性技巧包括澄清、对焦和摘要。澄清是指社会工作者引导服务对象重新整理模糊不清的经验和感受。例如，对于服务对象模糊不清的表达，社会工作者可以进一步加以明确："您刚才说的意思是……是吗？"或者"听了您刚才的话，我的理解是……对吗？"

31. B　本题中，"推荐并指导小季阅读人际交往方面的图书，学习沟通技巧"体现出社会工作者扮演教育者的角色。

32. C　主持小组讨论时，社会工作者的沉默技巧主要包括两方面：①可以适时在小组中形成真空，使组员自己进行判断；②在接受意见和建议后，请组员自己进行判断。

33. A　社会工作者与组员沟通的技巧包括：①营造轻松、安全的氛围；②专注与倾听；③积极回应；④适当自我表露；⑤对信息进行磋商；⑥适当帮助梳理；⑦及时进行小结。其中，积极回应是指社会工作者在组员发言之后，站在同理心的角度，向发言者表达对其发言的高度重视，认真了解和把握发言者的用意与感受，并伴以积极的回应。本题中，武某运用了小组工作中的积极回应技巧。

34. C　在小组工作的结束阶段，社会工作者的主要任务是处理好组员的离别情绪，协助组员保持他们获得的小组经验。

35. D　小组工作准备阶段的内容包括：①组员的招募及遴选；②确定工作目标；③制订工作计划；④申报并协调资源；⑤考虑小组的规模与工作时间；⑥活动场地及设施的选择和安排。社会工作者在设计小组活动时，除要考虑学生的特征和能力、学校的场地和设备外，首先应考虑小组的活动目标。

36. C　小组工作的介入技巧包括对小组组员的介入技巧、对小组整体的介入技巧和改变小组外部环境的介入技巧三类。选项A、B属于对小组组员的介入技巧，选项D属于对小组外部环境的介入技巧。

37. A　互动模式又称交互模式或互惠模式，是基于人与环境和人际关系而建立的一种小组模式，旨在通过组员之间、组员与小组及社会环境之间、小组与社会环境之间的互动关系，促使组员在小组这个共同体的相互依存中成长，增强组员的社会功能，提升组员的发展能力。互动模式中组员没有固定概念，只要有需要的人都可以参加，故选项B错误。互动模式强调相互依赖，不强调个体独立，故选项C错误。选项D属于小组工作中教育小组的工作内容。

38. D　支持小组一般是由具有某一共同性问题的小组组员组成的。通过小组组员彼此之间提供的信息、建议、鼓励和感情上的支持，达到解决某一问题和组员改变的效果。在支持小组中，最重要的是小组组员的关系建构、相互交流和相互支持。社会工作者的任务是，指导和协助小组组员讨论自己生命中的重要事件，表达经历这些事件时的情绪感受，建立起能够互相理解的共同体关系，达到相互支持的目的。

39. A　社区工作的目标分为任务目标和过程目标。过程目标是指促进社区居民的一般能力提升，如加强社区居民对公民权利和义务的了解，增强居民解决社区问题的能力、信心和技巧，发现和培育社区居民骨干参与社区事务，以及建立社区内不同群体的合作关系等。任务目标是指解决一些特定的社会问题，包括完成一些具体的工作、满足社区需要、达到一定的社会福利目标等。

40. B　小组规范是小组初期社会工作者和小组组员一起建立的适合管理和协调组员行为的准则。小组规范有三类：①秩序性规范，用来界定组员之间的互动准则；②角色规范，用来界定和明确组员所期望的具体角色和行为；③文化规范，用来澄清和说明小组的信念和基本价值，强调开放、平等、保密、非批判和团结合作等原则。本题中，社会工作者通过在小组中讨论小组规范，让这个女孩认识到自己的问题所在，然后去纠正问题。

41. B　所谓任务目标，是指解决一些特定的社会问题，包括完成一项具体的工作和服务，满足社区需要，达到一定的社会福利目标等，如修桥铺路、解决老旧小区停车难问题、安置无家可归者、照顾贫穷孤寡残障人士等。这些活动给社区及其居民所带来的改善是具体而实在的，故选项 D 错误。所谓过程目标，是指在达到任务目标的过程中实现的中间目标，主要是指培养社区居民的一般能力，包括增强居民解决社区问题的能力、信心和技巧，提升其对公民权利和义务的认知能力，培养居民与社区邻里交流、协商与合作的能力，发掘和培育社区骨干的领导能力等，故选项 A 错误。由于社区工作处理的问题较为宏观，每个居民在其中的利益和立场不完全一致，有些未必与所有社区成员都息息相关，所以社区工作任务目标与过程目标会出现不能完全契合的情况，社会工作者有时在工作实践中也会感到难以兼顾，故选项 C 错误。在这类情形下，社会工作者需要经常提醒自己：社区工作的最终理想是要帮助社区建立集体能力（选项 B 正确），通过群策群力的方式，促进社区的根本改变，社区居民的成长和进步是核心和长远的任务。

42. A　界定问题是指在弄清社区问题的症状之后，社会工作者还需要对问题进行界定，以明确问题的性质。社会工作者在界定社区问题时应提出并回答如下问题：这种状况是如何产生的？为什么它是一个问题？谁认为它是一个问题？解决办法有哪些？什么样的办法可能被接受？它背后还存在更大的问题吗？另外，社会工作者还应意识到，不同立场的社区成员、社会工作者本人以及机构的价值观都会影响对社区问题的界定。

43. B　地区发展模式的特点有：①较多关注社区共同性问题；②注意通过建立社区自主能力来实现社区的重新整合；③过程目标的地位和重要性超过任务目标；④特别重视居民的参与。社区照顾模式的特点有：①协助服务对象正常地融入社区；②强调社区责任；③非正规照顾是重要因素；④提倡建立相互关怀的社区。由此可知，二者都强调要重视建立社区自主能力和社区责任，即二者的共同点是重视发掘社区内部资源。

44. D　要成功地进行社区照顾，单靠社区及家人的力量是不够的，为了不使这些提供照顾的人被"耗尽"，还需要充足的支援性社区服务辅助措施才能使社区照顾持续下去。"对社区照顾"更加明确地指出了正规照顾和非正规照顾相互融合的重要性。根据题干表述，"护理人员和志愿者组成的服务小组"可知是由正式照顾和非正式照顾相结合，故选项D正确。"由社区照顾"是指由家庭、亲友、邻居、志愿者等所提供的照顾和服务，核心是强调动员社区内的资源。"在社区照顾"的核心是强调服务的"非机构化"，将照顾者放回社区内进行照顾，使他们在熟悉的社区环境中生活，协助他们融入社区生活。

45. A 社会工作者需要了解自己现有的资源，即自己现在所拥有或能够调动的资源类型、数量、质量、便利程度、使用成本等，并将这些信息与实施社区工作计划所需要的资源进行对照，以便及时了解目前在资源方面的欠缺，有针对性地进行资源开发。

46. B 会议是社区工作中最常用的工作方式，社会工作者需要经常召集居民开会，或聚集居民一起讨论和社区有关的问题。会议应尽量准时开始，如果居民没有到齐，可将重要事项拖后讨论。

47. B 社会工作者通常以居民的需要和问题为介入点，运用探索感受、反映感受、重述、鼓动等沟通技巧了解居民的态度和立场，鼓励居民参与。

48. D 比较性需要的产生是基于与某种事物所进行的比较。例如，一些居民获得了服务，但另一些相类似的人却没有得到同样的服务，后者知道这些情况后便会产生新的需要。这种通过与其他个人和社区比较而产生的需要被称为比较性需要。比较性需要既可以由居民提出，也可以由专家提出。

49. D 要想让社区居民骨干能够独当一面，社会工作者就要根据社区居民骨干的能力给予适当的培训。社会工作者一般通过训练、实习、示范、阅读文章、观看影音教材、亲身体验、观察、讨论和角色扮演来提升社区居民骨干的能力，并教导建立人际关系、主持会议、演讲、组织、资源动员、沟通、管理、带领小组、游说谈判、总结归纳等多方面技巧。本题中，由于社区居民骨干不善言辞，无法清晰表达自己的观点，因此要提高他们的沟通与游说技巧。

50. B 社会服务策划的形式之一是问题解决策划，其主要过程依次是：①认识现有的问题；②界定问题；③探索可行的解决方法；④认识各种可能的限制；⑤选取解决办法；⑥设计完整的计划；⑦发展评估计划。因此，社会工作者小马首先应该做的工作是界定问题和评估需求。

51. D 社会工作服务机构可以运用的筹资方法之一是特别事件筹资活动。特别事件可以使社会工作服务机构通过特殊事件的服务，引起社会大众对机构和相关事件的关注。这些特别事件包括重大灾害、社会危机事件、机构纪念活动等。一般通过召开记者会、研讨会、展览会、义卖会、演唱会等活动，增加社会工作服务机构与目标民众的接触机会，增加组织的筹款金额。本题中，该市慈善协会主办抗涝救灾募捐晚会属于特别事件筹资活动。

52. B 社会工作服务机构的协调活动可分为：①程序性协调，指在制订机构的活动计划时，对不同部门、人员的相关活动在时间、过程方面进行合理搭配，使服务活动在进行过程中实现互助支持、互助配合；②工作性协调，指在服务进行过程中，领导者开展具体联系，调节各方面的行动，以使他们互相配合。

53. A 定量研究中，研究者被视为外人，其研究设计旨在排除研究者对研究对象的影响，并在过程中体现价值中立。

54. A　不记名方式就是在保护服务对象的隐私，是遵循保密原则的表现。

55. B　社会工作者在转折阶段的工作重点在于处理小组冲突。具体来说就是：①处理抗拒行为；②协调和处理冲突；③保持组员对整体目标的意识；④协助组员重新建构小组；⑤适当控制小组的进程。

56. B　个案研究是对单个对象（如家庭、团体、机构、社区、学校、群体等）的某项特定行为或问题进行探索研究。个案研究侧重于探讨当前的事件，强调对事件的真相、原因等方面进行深入、周详、历史的考察，了解事件的详细状况、发展过程及与社会环境的联系，提出处理问题的方法。

57. A　定性研究注重具体独特的现象，收集和分析非数字化资料，描述回答者所经历的现实，探索社会关系，从而对个体进行理解、阐释和深度描述。本题中，要对受虐妇女群体进行定性研究，就应侧重于发现所研究的受虐妇女群体的特殊性。

58. C　一般而言，被调查者熟悉或感兴趣的、简单的、封闭式的问题可以置于前面，行为、态度、背景、敏感的问题放在后面。这有利于被调查者较快进入状态，提高问卷回答的完整度。

59. B　问卷调查中，问卷的封面信旨在说明调查者的身份、研究目的和内容、对象选择方法、保密原则和研究机构。

60. A　前后测控制组设计，就是先把对象随机分配到实验组和控制组，然后测量两组在某指标上的水平，再对实验组进行某种干预，此后对两组再次进行测量。实验组的前后变化与控制组的前后变化之间的差异就视为干预效果。

二、多项选择题（共20题，每题2分。每题的备选项中，有2个或2个以上符合题意，至少有1个错项。错选，本题不得分；少选，所选的每个选项得0.5分）

61. ABCD　助人活动是社会工作者和服务对象双方围绕解决困难和问题而展开的持续互动。在助人活动中，社会工作者经过分析求助者或服务对象的问题，选择科学、合适的方法提供服务，受助者则根据自己的需要和对来自社会工作者的帮助行为的理解而作出反应。在这种互动过程中，双方互相理解对方的行动，相互合作，共同实现克服困难、解决问题的目标。

62. AD　社会工作者在工作中应当接纳服务对象的价值观，而不是认同，故选项B错误。社会工作者不应当使用一般或统一的服务方法，要注重个别化原则，故选项C错误。除非万不得已，即使社会工作者出于好意，一般也不主张由社会工作者代替服务对象做决定，故选项E错误。

63. BCD　随着社会的发展，大众传媒对人的行为和社会实践的影响越来越大。大众传媒对人类行为的影响主要表现在以下五个方面：第一，可以为受众提供支持其固有立场、观点和行为的有关情况，从而增强受众的固有观念和行为；第二，在争议不大且没有其他因素干扰的情况下，大众传媒只要重复传播内容，就能直接改变受众的行为；第三，大众传媒可以使受众改变其原有的立场；第四，可以提供信息引导人们的行为；第五，为受众提供行为规范，供他们选择。大众传媒对人的行为既有积极的影响也有消极的影响。积极的影响包括提供信息帮助个人和群体了解情况、作出判断、满足要求或实现目标；消极的影响包括通过信息传递不恰当的价值观念和行为模式，误导受众。

64. CDE 马斯洛需要层次论中，归属与爱的需要包括：①归属的需要，即人都有归属于某个群体的感情，希望成为群体中的一员，并相互关心和照顾，感情上的需要比生理上的需要细致，它和一个人的生理特性、经历、教育、宗教信仰都有关系；②友爱的需要，即人人都需要伙伴之间、同事之间的融洽关系或保持友谊和忠诚，人人都希望得到爱情，希望爱别人，也渴望接受别人的爱。选项A属于尊重的需要，选项B属于自我实现的需要。

65. CDE 家庭暴力是指在共同生活中，某一家庭成员对另一成员直接或间接的暴力行为，它所造成的伤害包括身体上的、精神上的，以及对当事人各类权利的限制与侵犯。选项A与题干没有任何关联。选项B的时间段对应错误，阿美和丈夫均未进入更年期。女性在50岁左右经历更年期，男性的更年期则要晚一些。

66. ABC 本题中，社会工作者联系多个部门开展服务，体现了专业合作、服务协调以及资源整合的原则。

67. ACE 为了帮助服务对象顺利面对服务工作的结束，社会工作者需要做好以下四项工作：①预先告知服务对象，让服务对象对服务结束做好准备；②巩固服务对象在已经开展的服务工作中获得的改变和进步；③与服务对象一起进一步探讨影响解决问题的因素，为服务对象结案之后独立面对问题做好准备；④鼓励服务对象表达结案时的情绪，与服务对象一起探讨结案后的跟进服务。

68. ABC 本题表述的是个案工作接案阶段的情形，接案过程中个案工作的重点包括：①了解求助者的求助愿望；②促使有需要的求助者成为服务对象，给予必要的鼓励，增强服务对象的改变动力和信心；③明确服务对象的要求；④初步评估服务对象的问题和需要。

69. ACDE 小组工作计划书的内容框架包括：①理念，包括机构的背景、组成小组的原因、小组的理论或概念框架；②总体目标；③小组的特征；④明确的目的；⑤初步确定的程序计划和日程；⑥招募计划；⑦需要的资源；⑧预料中的问题和应变计划；⑨预算；⑩评估方法；⑪组员。

70. ABE 引导性技巧是社会工作者主动引导服务对象探索自己过往经验的一系列技巧。主要包括：一是澄清。即社会工作者引导服务对象重新整理模糊不清的经验和感受。二是对焦。即社会工作者对服务对象偏离的话题或者宽泛的讨论进行引导，将讨论集中于某个焦点。三是摘要。即社会工作者将服务对象长段谈话或者不同部分的话题进行整理，概括和归纳其中的要点。选项A属于澄清，选项B属于对焦，选项E属于摘要。选项C、D属于影响性技巧。

71. DE 选项A、C属于居民以能力不足为由拒绝时的说服方法，选项B属于居民以没时间为由拒绝时的说服办法。

72. BDE 社会工作督导者应满足以下要求：①具备社会工作从业资格；②具有不少

于5年所督导服务领域的实务经验；③掌握所督导领域的专业知识技能和有关政策法规；④掌握开展督导的方法与技巧；⑤每年接受不少于90学时的继续教育。社会工作督导者不仅需要拥有良好的专业知识和督导技巧，更需要具有对社会、对专业负责的精神。

73. BC　社会策划模式体现的是一种自上而下的改变。社会工作者扮演着专家的角色，运用知识、科学的决策能力及其权威，推动及策划改变。社会策划的过程主要是收集与问题有关的各种资料，了解问题的本质和发生原因，并用理性的态度决定解决问题的行动方案。社会工作者在收集资料、分析事实、决定方案、采取行动等过程中居于主要位置。社会策划模式也注重居民参与，但做出行动方案计划则是社会工作者的任务。

74. ABCE　聚焦是指与会者在参与讨论的过程中会出现离题、纠缠于枝节问题或后续问题的情况，这时需要社会工作者运用聚焦的技巧，将与会者的注意力集中到讨论的主题上来，将会议带回既定的议程。本题并未涉及这样的情况。

75. ACE　团体督导是一名督导者和数名被督导者以小组讨论的方式，定期举行讨论会议。通过题干可知，社区志愿者因社区居民不配合而积极性降低、产生负面情绪，故选项A、C、E正确。

76. ACDE　简单时间序列设计不要求有控制组或对照组，故选项A正确。标准实验设计有前后测控制组设计（传统实验设计）、单后测控制组设计、索罗门四组设计等形式，故选项B错误、选项D正确。由于实验设计的要求比较高，社会工作研究有时也使用准实验设计。准实验设计并不完全严格设计实验组和对照组，但同样进行一定的前测或后测。因此，相对于标准实验设计而言，其规范程度稍低。非对等控制组设计和简单时间序列设计是其两种类型，故选项C正确。实验设计包含自变量和因变量、实验组和对照组（或控制组）、前测和后测三对要素，故选项E正确。

77. ABE　高夫和多亚尔把需求分为基本需求和中介需求，故选项C错误。成长需求相当于尊重和自我实现，故选项D错误。

78. DE　地区发展模式的主要实施特点有：①较多关注社区共同性问题；②通过建立社区自主能力来实现社区的重新整合；③过程目标的重要性超过任务目标；④特别重视居民的参与。社区照顾模式主要实施特点有：①协助服务对象正常地融入社区；②强调社区责任；③强调非正规照顾的作用；④提倡建立相互关怀的社区。从以上可以看出，地区发展模式与社区照顾模式的共同点在于注重发展社区资源，建立互助关系，坚信社区自身有解决问题的责任与能力。

79. BCE　个案研究是针对单个对象的研究，可以是一个人、一个家庭、一个社区、机构、学校、团体等，故选项A错误。个案研究采用多样化的资料收集方法，对研究对象进行深入的探究，故选项B、C正确。个案研究的研究步骤不是十分严格，故选项D错误。个案研究重在揭示研究对象的独特性和个性，故选项E正确。

80. BDE　行动研究是社会工作研究常用的方法，但不是社会工作研究特有的方法。行动研究中，研究者必须同时是实务工作者，或者二者不是同一人但存在合作伙伴关系，一边行动，一边研究，并将研究结果用于指导下一步的行动，然后再研究，这样进入一个循环往复的过程。

考前冲刺试卷（六）参考答案

一、单项选择题（共60题，每题1分。每题的备选项中，只有1个最符合题意）

1. C 社会工作是解决社会问题，特别是困难群体的问题，增进他们的福利和促进社会进步的职业。社会工作不是一般的助人活动，而是以困难群体为主要对象的、专业的、职业性的助人活动。

2. D 个别督导是一个一对一会谈的过程，其会谈技巧主要有：一是聆听，督导者要从头到尾仔细聆听被督导者的谈话，以便在充分掌握信息的基础上作出判断。二是补充，督导者要以资料、知识或归纳重点的方式补充被督导者谈话的信息。三是提出疑问，督导者适时向被督导者提出问题，帮助其开阔思想与视野，激发其走向新的境界。四是进行评价，督导者通过检查被督导者的工作情况，与其分享工作经验和想法。五是提出建议，对被督导者提出处理服务对象问题和需求的具体建议和策略，协助被督导者拟订有效的工作计划。本题中，社会工作者工作到位，由于服务对象身份的特殊性，且多次不配合，对社会工作者存在抵触情绪，因此督导者提出建议，帮助社会工作者推进工作。

3. A 规范型需要是专业人员、行政人员或专家学者依据专业知识和现有规定或规范，所指出的特定需要标准，如民政部颁布的《全国社区服务示范城区标准》规定，每个街道都要建有一个1 000平方米左右的社区服务中心，同时规定了社区服务中心应配备的服务项目。当服务设施与服务项目不符合规定时，就存在规范型需要。本题中，"未达到政策规定的标准"，故选项A正确。

4. A 由于社会变迁、家庭或个人原因，有些人可能会一时或较长时间地陷入困境，从而难以正常生活。对生活上有困难的人给予必要的帮助是社会工作的重要任务，社会工作的功能则是通过上述服务来恢复和促进困难群体、有需要群体的正常生活。

5. B 随着我国社会治理创新的深入推进，专业社会工作新政策不断出台，新的模式不断探索，新的经验不断涌现，新的成果不断积累，对社会工作从业人员的能力素质提出了新的更高要求，同时，也对社会工作者职业水平评价和教育培训工作提出了新的更高要求。

6. A 社会工作者扮演的基本角色主要有：①服务提供者；②支持者；③倡导者；④关系协调者。

7. A 社会工作者应遵循自我决定和知情同意、为服务对象保密的原则。本题中，盈盈不愿让别人知道家里的事情，担心别人会取笑她，所以，社会工作者应在尊重服务对象的前提下，与盈盈共同商讨解决问题的办法。

8. B 社会工作者的能力要求主要包括技术能力、文化能力、心理素质和持续学习能力。其中，正确对待老年人、妇女、儿童、残障人士、贫困群体、少数族群，涉及对他们文化的了解和尊重，这属于对社会工作者文化能力的要求。

9. D　根据社会工作专业价值观操作实践原则中的自我决定原则，小汤应该充分尊重和相信许某有自己解决问题的能力，因此应向其告知愿意提供帮助，让其自行决定。

10. B　尊重的含义不只在于对服务对象保持符合社会文化习俗的礼节和称谓，更重要的是要认识服务对象自身的生命价值和其他基本权利，充分保障他们获得基本的资源和可靠的专业服务的权利，帮助他们解决困难，满足他们生存和发展的需要。本题中，晶晶应以保护生命原则为首，纠正彭大爷要安乐死的想法。

11. C　通过题干可知，两位大爷的情况不同，因此社会工作者在坚持全面关怀的前提下，为每位服务对象提供了个性化的服务，体现的是差别平等的原则。

12. C　弗洛伊德将人格发展分为五个时期，即口唇期、肛门期、性器期、潜伏期和生殖期。其中，性器期发生在生命的第三年至第五年，动欲区在生殖器区域，在这个阶段，最显著的两个行为现象是"恋亲情结"和"认同作用"。

13. B　效益评估注重服务的成本收益分析，关注的是所取得的工作成果与所付出的代价孰大孰小的问题。小黄的社区工作小结对资源投入和分配进行反思，分析存在的问题，提出改进方法，属于效益评估。

14. A　埃里克森将人的发展划分为八个阶段，分别是婴儿期（0~1岁）、幼儿期（1~3岁）、儿童早期（3~6岁）、儿童中期（6~12岁）、青少年期（12~20岁）、成年早期（20~40岁）、成年中期（40~65岁）和成年晚期（老年期）。本题中，小宇正处于儿童中期，他的任务是学习重要的知识、技能和生存技巧，勤奋感超越自卑感。

15. A　统计学标准是指大多数人相似或一致的行为在统计学上被认为是正常的，如果偏离统计上的正常值则会被认为是偏差行为。

16. B　心理动力反思是指社会工作者协助服务对象正确了解和分析自己内心的反应方式的技巧，如协助服务对象了解自己的情绪反应方式、认识事情的方式和动机的模式等。人格发展反思指的是社会工作者帮助服务对象重新认识和评价自己的以往经历、调整自己人格的技巧。比如帮助服务对象了解成长过程中的重要影响事件、周围他人对自己的影响等。现实情况反思是指社会工作者帮助服务对象对自己所处的实际状况作出正确的理解和分析的技巧。缘由诊断不属于治疗技巧。根据题干的表述，属于人格发展反思技巧。

17. A　家庭的功能主要有以下五种：①情感支持。家庭作为初级社会群体，成员之间日常互动频繁，情感交流充分，彼此之间容易相互理解和支持。通过提供情感支持，家庭可以帮助其成员缓解在家庭之外的社会生活带来的挫折和压力，获得情感的慰藉。②性爱满足。家庭是为法律和社会习俗所认可的性生活的场所，性爱是家庭生活的重要内容。家庭中的性爱一方面保证了性爱的排他性，促进夫妇之间情感的交流，能够更充分地满足彼此性爱的需要，另一方面可防止因性的需要而引起的社会问题，促进社会的和谐与稳定。③繁衍后代。家庭通过建立双系抚育、确立婚姻、夫妇配合等一系列制度来繁衍后代，维持人类的延续。④社会化。家庭是其成员适应社会化的主要场所，家庭可以为孩子提供角色模型供孩子模仿学习，为将来更好地适应社会，进一步社会化打下良好的基础。故选项A正确。⑤经济功能。家庭经济功能主要是指家庭作为生产经营和消费的单位所发挥的作用。随着社会的不断发展，家庭生产经营的功能逐渐弱化，而消费的功能却日益增强。

18. C　互动模式亦称交互模式或互惠模式，是基于人与环境和人与人之间的关系而建立的一种小组模式，旨在通过组员之间、组员与小组及社会环境之间、小组与社会环境之间的互动关系，促使组员在小组这个共同体的相互依存中得到成长，增强组员的社会功能，提升其发展能力。互动模式下的小组工作，焦点在于互动关系及其效果。题干中"开放、平等的沟通交流"属于互动模式的实施原则。

19. B　艾利斯提出的"ABC情绪理论框架"是认知理论的重要组成部分。他用这个框架说明，如果人们的思考、信念、自我告知和评估是理性的，则情绪是正常的；相反，如果人们的思考、信念、自我告知和评估是非理性的、扭曲的，则人们会逐渐发展出不正常的情绪、情感和行为。

20. B　服务对象所遇到的问题既有生理、心理根源，也有社会环境方面的原因。社会支持网络薄弱、社会分配制度不公、压迫性社会环境的限制等，都是造成服务对象问题的根源，而服务对象自身的生理、心理问题也是造成其出现问题的因素。在系统理论看来，服务对象的问题最终是由其身心问题与环境问题共同造成的，因此助人过程必须将服务对象放到其所在的系统之中才能真正为他们提供有效的帮助。本题中，小卢脾气暴躁是引发问题的自身因素，父母离婚、老师的不满以及爸爸的责骂则是导致小卢问题的环境根源。

21. C　增强权能是指增强人的权利和能力。增强权能取向的社会工作认为，个人需求不足和问题的出现是由环境对个人的压迫造成的，社会工作者为受助人提供帮助应该着重于增强受助者的权能，以对抗外在环境和优势群体的压迫。本题中，社会工作者的介入体现了以增强权能的理念来帮助受助者进行改变。

22. A　认知行为治疗模式假设人们在日常生活中就会对日常发生的事件进行评估，这样的评估会影响人们的情绪和行为，而行为又会反过来影响人们的认知和情绪。认知行为治疗模式把人的问题归结为认知、行为和情绪三者之间的相互影响。

23. B　心理社会治疗模式的诊断包括心理动态诊断、缘由诊断和分类诊断。心理动态诊断是对服务对象的人格各部分之间的互动关系进行评估。如意识与无意识之间的关系，就是心理动态诊断的重要内容。缘由诊断则是对服务对象困扰产生、变化的过程进行分析。例如，服务对象的困扰是什么时候产生的，有什么重要的影响事件，在服务对象的成长过程中有什么样的变化等，是对服务对象个人历史的考察。分类诊断是对服务对象问题的生理、心理和社会三个方面的影响因素作出判断。根据题干表述，小汪了解情况后，分析出了小费的行为问题与其生活经历相关，属于缘由诊断。

24. A　地区发展模式下，社区参与主要是处理社区面对的部分共同问题，如环境和设施问题等。社会工作者一般会通过动员居民集体参与来解决问题，还会建立居民小组来改善社区的动力系统。当居民抱怨政府对社区的共同问题应对不及时或解决策略不恰当时，社区工作者要以此为契机，提供一些建设性途径让居民表达意见，反映民意，建立政府与居民的联系及沟通，促进互相了解，同时也要求居民不仅仅是表达不满，更重要的是提出改善的建议和方法。

25. A 个案工作服务计划的基本内容涉及七个方面：①服务对象的基本情况；②服务对象希望解决的问题；③理论的依据；④服务计划的目标；⑤服务开展的基本阶段和采取的主要方法；⑥服务开展的期限；⑦联系方式。

26. D 个案会谈是指社会工作者与服务对象进行面对面的、有目的的专业谈话，摘要是引导性的技巧之一，即社会工作者将服务对象的长段谈话或者不同部分的话题进行整理、概括并归纳其中的要点。本题中，社会工作者的回应运用了摘要的技巧。

27. B 治疗者即社会工作者运用专业的方法和技巧，消除或者减轻服务对象的困扰。治疗者的角色与使能者和教育者不同，使能者注重服务对象自身潜能的挖掘，教育者关注服务对象新知识和新技能的学习，而治疗者则专注于服务对象问题的消除。社会工作者运用行为学习的技巧帮助服务对象克服不适应的行为，或者运用放松练习的技术减轻服务对象的心理焦虑等，都属于治疗者的角色。

28. D 在与服务对象初次接触时，社会工作者还有一项工作任务：为那些立即需要帮助而本机构或者社会工作者无法给予及时必要帮助的服务对象提供转介服务，即通过一些必要的手续把服务对象介绍给其他能够给予及时必要帮助的服务机构或者社会工作者。

29. A 个案管理具有双重功能：一是经过各项服务的协调实现服务的合理配置，即通过计划并协调服务提供者与服务对象之间的关系，保证服务对象获得最合理、最完整的服务；二是强调服务的效率，在成本效益的原则下运用社会资源并提供相关的服务。

30. D 社会目标模式的实施原则包括：①致力于培养并提升小组组员的社会意识和社会责任；②致力于发展小组组员的自我发展能力；③致力于通过小组领袖的培养，培育有利于社区各方面发展所需的领袖人物，提升他们推动社区和社会变迁的意识与能力；④致力于小组工作目标与社区发展目标的一致性，特别是要针对社区的需求和问题，吸引和选择合适的社区成员参加小组活动。

31. B 小组工作开始阶段组员的一般特点包括：①矛盾的心理与行为特征；②小心谨慎与相互试探；③沉默而被动；④对社会工作者具有依赖性。

32. B 讨论结束的技巧是指当小组讨论进行到最后阶段，社会工作者需要对组员所提出的不同问题进行归纳，形成结论。对小组讨论所作出的结论必须详细、全面，并且对组员提出的主要意见要加以阐述、分析、评价和研究，并指出将要应用的方法。

33. C 小组工作后期成熟阶段小组及组员的一般特点包括：①小组的凝聚力大大增强；②组员关系的亲密程度更高；③组员对小组充满了信心和希望；④小组的关系结构趋于稳定。

34. A 引导的技巧是指讨论中有时出现你一言我一语、场面气氛热烈但又偏离方向的情况，此时会议主持人要用某种方式暗示讨论的方向，提示讨论的重点，或再次强调讨论的程序，从而保证讨论正常有序地进行。

35. B 适当自我表露是指社会工作者可以有选择地将亲身经历、体会、态度和感受向组员坦白，传递真诚，让组员感受到被信任。通过这种信任关系情境的建构，促使组员也能够坦陈自己的问题和需要，从而使得社会工作者和组员双方在组员的问题及需求上达成共识。

36. A　社区工作的特点之一是富有批判和反思精神。社会工作善于从社会结构、社会政策、制度和资源分配角度分析和处理个人问题，加上社会工作专业本身的特点就是关注在社会急剧变迁中困难群体的权利，所以社区工作总是关注问题并且试图从根本上找出问题的症结，并由此引发对现存社会结构和政策的反思和评判。

37. D　社区照顾是社会工作者动员社区资源，运用非正规支持网络，联合正规服务提供支援服务与设施，让有照顾需要的人士在家里或社区中得到照顾、过正常的生活。社区照顾不是要减少福利院的数量，也不是要用非正规服务来填补需求缺口，而是要重新确立社区地位，发扬社区互助精神，建设互尊互爱的社区生活。

38. D　社会策划模式的实施策略强调执行一个策划过程的完整性，具体包括：①了解组织的使命和目标；②分析环境和形势；③自我评估；④界定和分析问题；⑤确定社区需要；⑥确定目标和达到目标的标准；⑦寻找、比较并选择好的方案；⑧测试方案；⑨执行方案；⑩评估结果。

39. A　倡议者角色是指社会工作者为较为特殊的服务对象倡议和争取合适的服务；替照顾者向有关方面提出意见并争取改善措施；通过教育和培训，鼓励照顾者自主争取权益。

40. A　小组过程评估是在小组发展中，收集相关资料，以显示组员变化和小组的发展过程状况。根据检测结果，对小组计划进行适当调整和改变，以便更加符合组员和小组发展的需要。在进行小组过程评估时需要注意以下两点：第一，评估内容需要根据小组的目标和进程来决定。例如，在一个行为治疗小组中，我们检测的内容与目标行为有关，如检测目标行为的频率、严重性和持续性，引起该行为的前因后果等。而在一个发展性小组中，检测的重点可能是组员参与的程度和完成家庭作业的情况。第二，常用收集资料的方法有：标准化测量工具（问卷和量表）、自我报告、行为计量表、口头意见回馈、日记和日志、社会工作者的观察记录、小组过程记录、总结记录、书面评估表、组员作业和作品等。选项B、C、D属于效果评估。

41. B　组织间交往的一般准则包括：①尽早与各组织交往，为未来可能的合作奠定基础（选项A错误）；②交往时要协助各方了解各自可获得的利益，树立利益共享的印象（选项C错误）；③交往各方可以签订合作协议，表达合作期望、目标和守则，强化和规范合作关系（选项D错误）；④要注意主动维系组织间的交往关系（选项B正确）。

42. A　社区照顾的任务目标是为社会上有需要的人群提供照顾和支援，协助他们在社区中过正常生活。社区照顾模式认为，服务对象所生活的社区是其正常的生活环境，这里有他们熟悉的人群，有同他们进行交往的机会，也有进行正常社会生活的条件，这对服务对象是十分有利的。社区照顾的目标则是协助服务对象正常融入社区，让他们在社区中正常地生活。

43. D　社会服务方案策划的步骤是：①问题的认识和分析；②目标的制定；③方案的安排；④服务的评估。

44. C　影响性目标是社会工作干预后所要达到的目标。选项A、B、D属于过程性目标，只有选项C属于干预后达到的预期效果，符合影响性目标的表述。

45. C 志愿者人力资源管理控制职能包括建立志愿者工作评估标准和方法、志愿者基本资料建档、志愿者需求及满意度评估，故选项C正确。选项A属于规划职能，选项B属于组织职能，选项D属于规划职能。

46. D 行政交代，主要说明机构内部管理制度和程序的正常运作，包括向理事会、管理人员和前线工作人员等作交代。

47. C 志愿者督导的支持功能的主要目标是促使志愿者能有强烈的动机持续地参与服务工作，协同行政督导和教育督导实现最终目标——为服务对象提供最有效和最有品质的服务。通常的做法有：给予志愿者适当的支持和关怀，激发志愿者的工作潜能与工作士气，帮助志愿者适应压力和稳定情绪，协助志愿者发展社会关系网络和适应环境，增强志愿者的自我功能并建立信心等。本题中，组员抱怨小组没能解决实际困难，这显然是社会工作者小张与组员之间沟通出了问题，没能及时了解组员的个体差异，因此，督导者应鼓励小张提升人际沟通技巧，从而解决冲突问题。

48. A 市场营销是指企业愿意将钱财和实物捐给公益事业，认为这个过程可以为企业带来新的利益和顾客，让企业在市场上占有优势。当企业老板认为捐款能使其获得最基本的收益时，则其较容易成为捐款者。市场营销式的捐款可以使企业在市场中占有优势，并使人对捐款企业产生信任感。

49. C 多元交代是社会工作服务机构公信力的展现，主要包括财政交代、政治交代、专业交代、服务交代和行政交代。本题中，机构履行社会责任和义务的情况、年度服务项目开展及社会工作者的工作表现、年度财务报告等内容，分别属于政治交代、服务交代、专业交代和财政交代，故应补充行政交代。

50. D 管理式督导的督导者是被督导者的上级或主管。

51. A 社会工作督导的教育性功能要求督导者不仅要提供被督导者完成工作所需的知识，还要协助社会工作者由"知"转为"行"。从题干中"老张帮助小林分析了孩子奶奶的个人成长历程、情绪和认知状况，讲解了如何与服务对象建立专业关系的方法和技巧"可以看出，老张教导的是工作过程知识。这是教育性督导的重要内容之一，旨在教导助人的有关技巧，故选项A正确。

52. A 社会工作者最常面临的压力来源包括：①来自服务对象的压力；②来自工作的压力；③来自服务机构的行政压力；④来自社会对社会工作认识的压力。其中，来自服务对象的压力包括处理"非自愿型服务对象"、服务对象过度依赖、害怕决策可能产生的不良后果、合法需求与正当利益间的冲突以及无法将时间完美地分配给每一个服务对象。

53. A 督导前期是督导者与被督导者建立关系的基础期，这一时期最重要的任务是相互熟悉。督导者在这个时期一般通过直接面谈，了解被督导者的家庭、所受专业教育、工作经验、以往的经历等，通过了解被督导者的处境，找到督导的起始点，简单明白地说明自己的工作方法和目的，让被督导者放松心情，接受督导。

54. A 教育性督导的内容包括：①教导有关"服务对象群"的特殊知识；②教导有关"社会工作服务机构"的知识；③教导有关"社会问题"的知识；④教导有关"工作过程"的知识；⑤教导有关"工作者本身"的知识；⑥提供专业性"建议和咨询"。其中，教导有关"工作者本身"的知识，即督导者要通过教导，让被督导者能够"自我觉醒"，能够自主地思考一些事情，并借此确保被督导者对专业问题的反思不会影响服务对象与社会工作者之间的协助关系。

55. B　在社会工作服务机构中，一般而言，领导比较重视通过沟通、互相尊重等方式与下属相处，多采用指导和诱导的方式影响员工的工作。

56. B　非正式会话式访问、引导式访问和标准化开放式访问是定性研究的三种访问形式。其中，引导式访问事先准备访问纲要，在实际访问时依情境决定问题次序及字句，有助于系统性整理，但一些重要且突出的议题可能被排除。

57. B　定量研究很大程度上排除了研究者对研究对象的影响，研究者往往被研究对象视为外人，故选项 A 错误。定量研究以实证主义为方法论基础，故选项 D 错误。定性研究的内容可以根据情况灵活变化，故选项 C 错误。

58. D　评估是对个案工作的服务效果和效率进行评定。它对于服务对象来说非常重要，是服务对象获得有效服务的保证，对于社会工作者来说也非常重要，是社会工作者改进个案工作的前提。

59. B　定量资料的整理工作有固定的程序，主要包括给答案编上数字代号、将完成编码的问卷资料输入计算机并进行逻辑检查和幅度检查等工作，其目的是将资料进行系统化。

60. A　选项 B、C 属于准实验设计，选项 D 属于另外一种实验类型。

二、多项选择题（共 20 题，每题 2 分。每题的备选项中，有 2 个或 2 个以上符合题意，至少有 1 个错项。错选，本题不得分；少选，所选的每个选项得 0.5 分）

61. AE　社会工作者应具备的心理素质包括遇到问题要沉稳、冷静，要有良好的判断力和快速反应能力，要经得住困难和复杂问题的压力，要富有同情心又不感情化。只有具备较好的心理素质，才能处变不惊、充满信心，才能有效地应对和解决问题。

62. BDE　选项 A 说反了，故排除。个案工作的许多技术都非常适合个案管理使用，故选项 C 错误。

63. BE　在结束阶段，服务对象面对专业服务的结束都会出现不同程度的心理矛盾。为了帮助服务对象顺利面对服务工作的结束，社会工作者需要做好以下四项工作：一是预先告知服务对象，让服务对象对服务结束做好准备；二是巩固服务对象在已经开展的服务工作中获得的改变和进步；三是与服务对象一起进一步探讨影响问题解决的因素，为服务对象结案之后独立面对问题做好准备；四是鼓励服务对象表达结案时的情绪，与服务对象一起探讨结案后的跟进服务。

64. BDE　社会工作者遇到遭受家庭暴力的妇女求助而为其提供服务时，首先要保证其人身安全。因此，舒缓情绪、共同商量应对策略以及协助寻找支持是正确的做法。

65. ABCD　本题中，双方并没有实现从婚前到婚后的角色转变，家庭关系调适工作也没有做好，缺乏沟通技巧以及解决冲突能力不足也是主要原因，但是与家庭经济危机无关。

66. BE 环境层次的增能是指能够改变那些不利于个人权能发展的制度安排。

67. ACD 选项B属于生态系统理论，生态系统理论强调服务对象与周围环境系统之间的互动关系。选项E强调服务对象曾经的生活经历，属于精神分析理论或心理社会治疗模式的范畴。

68. BDE 选项A属于理性情绪治疗模式，强调帮助服务对象整理、面对自己的想法和感受，从而将非理性情绪转变为理性情绪。选项C属于心理社会治疗模式，强调关注服务对象早年或过往生活经历。

69. ABCE 社区社会组织成立之后，对它们的管理也很重要，以保证其可持续运转，并在社区中发挥作用。管理社区社会组织主要应关注以下五个方面：一是服务规划，包括长期的组织策略规划和短期的服务方案设计；二是行销管理，包括服务产品行销、社会行销、观念行销和组织行销；三是财务管理，包括经费筹措、预算编制、总务与会计；四是人力资源管理，包括专职工作人员以及志愿者的招募、聘用、工作分配、培训、报酬、激励和奖惩；五是研究与发展，包括对服务方案的评估、新服务方案的开发、对组织的评估、适应和引领组织变迁等。选项D属于社区社会组织建立期的工作。

70. AB 非接触性研究包括内容分析法、比较法和现存统计资料。

71. CDE 选项A、B属于小组工作的特点。

72. ACD 选项B、E属于小组成熟阶段的特征。

73. ABD 社会工作者代替服务对象做决定、给服务对象太大压力以及选择复杂任务为工作目标均是错误的做法。

74. ABDE 社区工作的基本目标包括提升居民参与意识、促进居民互助关怀、挖掘整合资源、增强居民社会责任感等，与居民收入无关。

75. ACE 把有类似问题的服务对象组成小组，也就是社区内的糖尿病患者组成自助小组，体现了联结，故选项A正确。鼓励及提供支持对身处困境的人士非常重要，因为他们往往缺乏寻求如何改善的知识和途径，容易情绪低落，与外界有疏离感。社会工作者可以通过多种方式为他们提供鼓励和支持。例如，提供实际的资源或物质援助，协助寻找专家或其他技术支持。本题中，邀请医生来进行讲解知识，体现了鼓励与正面强化，故选项E正确。在体验式学习中，社会工作者可以根据互助小组成员的需要和问题，策划各种主题的结构化体验或指引性体验，让小组成员对这些体验进行反思。根据题干"鼓励组员分享控制饮食和用药的经验及感受"可知，选项C正确。

76. ACD 指派董事会或理事会审核年度财政报告以及邀请志愿者审核年度财政报告均是错误的做法。

77. ABC 社会工作服务机构的主要资金来源有政府资助、社会捐助和低偿服务。本题考查的社会捐助，包括个人、企业以及基金会等的捐款，分别对应选项A、B、C。选项D、E属于政府资助。

78. ABE 督导会议上，要富有弹性地、建设性地展开对错误的修正，故选项C错误。选项D不属于团体督导会议主持的技巧。

79. ABCD 根据题干"团体成员在服务过程中常遇到一些专业伦理困境及工作压力

问题",机构督导要解决的问题是伦理困境和工作带来的压力。选项A、D可缓解服务对象的心理压力,选项B、C为解决伦理问题提供政策知识和技术知识。

80. ABC　社会工作研究的直接功能与其目的有关,或者说,社会工作研究目的的实现体现了社会工作研究的直接功能。从"对谁的功能"维度审视,在对象层面上,社会工作研究可以治疗和预防社会问题乃至社会危机,并协助服务对象在能力和意识层面得以提升;在专业层面上,社会工作研究可以改善社会工作实践和提升社会理论;在社会层面上,社会工作研究可以推进福利和促进公正。